Histórias para dinamizar reuniões

Dados Internacionais de Catalogação na Publicação (CIP)
(Câmara Brasileira do Livro, SP, Brasil)

Berkenbrock, Volney J.

Histórias para dinamizar reuniões : para reuniões de planejamento, de avaliação, de motivação, de entrosamento e outras ocasiões em instituições e organizações / Volney J. Berkenbrock ; ilustração Emerson Souza. 6. ed. – Petrópolis, RJ : Vozes, 2010.

ISBN 978-85-326-3140-4

1. Contos 2. Dinâmica de grupo 3. Fábulas 4. Motivação (Psicologia) 5. Reuniões organizacionais 6. Solução de problemas em grupo I. Souza, Emerson. II. Título.

05-1720 CDD-658.456

Índices para catálogo sistemático:
1. Dinamização de reuniões : Histórias : Administração de empresas 658.456
2. Histórias : Dinamização de reuniões : Administração de empresas 658.456
3. Reuniões : Dinamização através de histórias : Administração de empresas 658.456

Volney J. Berkenbrock

Histórias para dinamizar reuniões

Para reuniões de planejamento,
de avaliação,
de motivação,
de entrosamento
e outras ocasiões em instituições e organizações

Ilustração
Emerson Souza

Petrópolis

© 2005, Editora Vozes Ltda.
Rua Frei Luís, 100
25689-900 Petrópolis, RJ
Internet: http://www.vozes.com.br

Todos os direitos reservados. Nenhuma parte desta obra poderá ser reproduzida ou transmitida por qualquer forma e/ou quaisquer meios (eletrônico ou mecânico, incluindo fotocópia e gravação) ou arquivada em qualquer sistema ou banco de dados sem permissão escrita da Editora.

Editoração: Ana Kronemberger
Projeto gráfico: Cecília Loos
Capa: Monique Rodrigues
Ilustração: Emerson Souza

ISBN 978-85-326-3140-4

Editado conforme o novo acordo ortográfico.

Este livro foi composto e impresso pela Editora Vozes Ltda.

Dedicatória

A quem serve de inspiração para a vida.

Sumário

Introdução, 9
1. O velho sábio e o pássaro, 13
2. Os cangurus, 16
3. As árvores doentes, 20
4. O rei, os súditos e as contingências climáticas, 24
5. O camponês, o guerreiro e a direção do reino de Chou, 27
6. O cachorro Bobi, 31
7. Os monges e os bancos na igreja, 34
8. Os dois pássaros na árvore, 37
9. Os arqueiros do mestre Hui, 40
10. O ar, a água e os dois povos vizinhos, 44
11. A mosca azul, 48
12. A briga dos deuses, 51
13. A casa dos anões, 55
14. O vendedor de geladeira no Polo Norte, 58
15. Os porcos assados, 61
16. O professor, o aluno, o teodolito e a altura do Cristo Redentor, 65
17. O peixe frito, 68
18. Os ratos, o gato e o sino, 71
19. O cachorro do mosteiro, 74
20. O caboclo, o bode e o padre, 77

21. O rato e a cobra, 80
22. O profeta na gruta, 84
23. A morte da mãe e do pai, 87
24. O vendedor de sapatos em Angola, 90
25. A ratoeira, 93
26. O pescador, o turista e o mar, 96
27. O empresário, o índio e os dois galos, 99
28. A briga dos dois frades, 102
29. O gato no telhado, 105
30. As duas monjas e o jovem, 109

Introdução

Reuniões chatas!

A chatice das reuniões é uma realidade em quase todas as organizações. Muitas vezes a maioria dos participantes não vê a hora de a reunião acabar. Por outro lado ainda é bastante difícil imaginar a vida de uma organização ou instituição sem reuniões. Mesmo que elas tenham mudado de forma a poder utilizar-se de meios tecnológicos avançados, continuam sendo reuniões. E continuam sendo imprescindíveis nas organizações.

Tendo presente a realidade da dificuldade de se fazer reuniões nas quais todos os participantes se mantenham atentos e ativamente participantes e, por outro lado, a necessidade de reuniões na vida das instituições e organizações, resolvemos fazer o *Histórias para dinamizar reuniões*. As histórias aqui reunidas se referem sempre a situações institucionais. Elas representam – com uma linguagem figurada – situações vividas no dia a dia do trabalho em uma instituição: seja no que diz respeito à própria instituição, seja o seu planejamento, sua estrutura, a forma de se tomar decisões, a forma como atitudes ou vícios pessoais podem influenciar (de forma positiva ou negativa) o funcionamento da instituição, etc. Muitas histórias representam impulsos para se pensar a instituição de uma maneira diferente; outras colocam diversos tipos de relação das pessoas com a instituição na qual colaboram; outras estão ligadas a relacionamentos entre as pessoas dentro de uma instituição; outras querem aguçar a criatividade dos participantes...

O objetivo de cada história aqui reunida não é aquele de tirar a "moral da história". A história deve servir de impulso para se refletir sobre a instituição ou sobre a atitude das pessoas na instituição. Como as histórias colocam situações hipotéticas, aparentemente longe daquelas vividas a cada dia, através delas se consegue o distanciamento analítico necessário. O intuito desta coletânea é oferecer, a quem dirige ou planeja uma reunião, uma história que sirva de fio condutor motivador para a realização de sua reunião. Por isso colocamos após cada história dois tópicos facilitadores: "Sugestões e contextos oportunos para a utilização desta história" e "Sugestão de questionamentos ou reflexões". Estes dois tópicos não precisam necessariamente ser utilizados com o grupo na reunião. Eles foram pensados mais como ajuda a quem está preparando ou conduzindo a reunião.

Também sugerimos aqui que a história possa ser contada cada vez de maneira criativa: como, por exemplo, encenando parte dela, convidando participantes da reunião para fazer algum personagem da história, mudando de voz quando dos personagens, gesticulando à maneira do personagem em questão e assim por diante. Não se pode esquecer que a forma de contar a história pode contribuir em muito para melhorar a participação.

Preferencialmente a história deve ser utilizada no início da reunião, como uma espécie de prelúdio ao assunto que se seguirá. Mas nada impede que ela possa ser posicionada antes ou depois da pausa ou mesmo ao final da reunião como um lembrete conclusivo sobre o assunto trabalhado.

Colocamos também uma ilustração para cada história. Estas ilustrações, feitas num estilo leve e alegre, querem demonstrar o caráter que se deve imprimir às reuniões: leveza e alegria. Como as histórias têm o poder de mexer com a imaginação das pessoas, assim as ilustrações são mais um elemento a ajudar a imaginação de quem a lê.

As histórias aqui colocadas têm origens diversas: algumas foram inventadas a partir de situações institucionais, outras provêm de situações vividas por nós mesmos em nossa experiência de vida em organizações, outras ainda foram ouvidas e aqui recontadas, adaptando-as para o fim desejado.

Não se está garantindo que as reuniões perderão totalmente sua chatice, mas quem sabe uma boa história motivacional possa ajudar a minimizar o problema.

Boa sorte a quem dirige reuniões!

Volney J. Berkenbrock
Emerson Souza

1

O velho sábio e o pássaro

*A*fastado das aldeias, perto de uma montanha, morava um velho sábio. Vivia sozinho e de forma bastante austera. Alimentava-se praticamente só das coisas que cresciam na horta que tinha perto de sua choupana. De quando em vez, algum morador lhe presenteava também com alguma comida. Era muito conhecido por sua sabedoria e muito procurado por todos que quisessem um conselho para tomar alguma decisão ou resolver algum problema. Como dificilmente se afastava de sua moradia, estava sempre lá e podia ser procurado por qualquer um, em qualquer dia.

Também muitas crianças gostavam de andar por lá e escutar o velho falar. Um dia uma criança disse ao velho sábio:

– Tu dás conselhos a todas as pessoas que aqui vêm. Tu sabes falar sobre qualquer assunto. Mas, diga uma coisa: e tu mesmo, quando precisas de um conselho, a quem procuras?

O velho sábio deu um pequeno sorriso e respondeu ao garoto:

– Eu tenho um pássaro. Eu pergunto a ele. E ele me ajuda bastante.

Desde então, espalhou-se em toda região a história do pássaro conselheiro que vivia com o velho sábio. As pessoas de todas as aldeias da região ficaram curiosas para conhecer o pássaro. Muitos espreitavam a choupana do velho sábio por longas horas, para ver se viam alguma coisa. Mas ninguém nunca chegou a ver o tal pássaro. E assim, a curiosidade só aumentava e ninguém tinha coragem de perguntar ao velho sábio onde estava o tal pássaro conselheiro. E os pais aconselhavam os filhos a não tocarem no assunto do pássaro com o velho, pois um tal pássaro podia até ser muito perigoso.

Uma vez um grupo de crianças estava conversando com o velho sábio e um deles, muito curioso, tomou coragem e perguntou ao sábio sobre o tal pássaro. O velho sábio disse:

– Então queres ver o meu pássaro? É muito simples. Espera um pouco.

O velho sábio entrou na sua choupana e pouco depois saiu de lá com um pássaro de madeira na mão, esculpido toscamente com um canivete. As crianças olharam aquilo meio incrédulas e perguntaram se o velho sábio tinha certeza que este era o pássaro que dava respostas às suas perguntas. E o velho sábio respondeu:

– Eu não disse que o pássaro dá respostas. Eu só disse que este pássaro me ajuda bastante, pois a ele eu faço as perguntas. E faço muitas perguntas. E se eu souber fazer bem as perguntas, já é uma etapa importante na busca das respostas.

---

a) Situações e contextos oportunos para a utilização desta história

• A solução de um problema passa muitas vezes por questionamentos que se faz em torno do mesmo.

• Fazer perguntas deve ser um exercício constante na vida das pessoas e das instituições.

• "Por que não?" e "por que sim?": a importância destas duas perguntas na busca de soluções.

• Perguntar-se sobre todos os aspectos de um problema.

• A resposta correta está muitas vezes na pergunta certa.

• A importância dos mecanismos de questionamento dentro da instituição.

b) Sugestão de questionamentos ou reflexões

• Para quais problemas se está buscando solução? Já foram questionados todos os aspectos do problema?

• É possível fazer uma sessão só de perguntas em uma reunião de busca de solução?

• Por que sim? Por que não?

2

Os cangurus

*T*odos conhecem cangurus. Se não os conhecem de ver diretamente, todos já os viram pela televisão. Há uma coisa interessante nestes animais: eles não fazem nenhum som. É isto mesmo, os cangurus não latem, não miam, não mugem nem rugem. São totalmente mudos. Outra característica lhes é interessante: eles conseguem se locomover usando somente duas patas, o que não é tão comum entre os mamíferos.

Mas por que os cangurus não soltam sons e andam sobre duas patas?

Conta uma velha lenda que muito antigamente os cangurus andavam de quatro e cantavam. E adoravam cantar. E cantavam dia e noite. E quando um parava de cantar, logo outros dois começavam a cantoria e quando estes dois se cansavam, logo mais três ou quatro iniciavam o canto. Não seria nada mal, se eles cantassem direitinho. O problema é que os cangurus eram desafinados toda vida. Com sons esganiçados e sempre fora do tom, o canto dos cangurus era uma verdadeira tortura para os outros animais da floresta. Ninguém mais aguentava a cantoria desafinada dos bichinhos. Eles mesmos, porém, nem se preocupavam com o tom. E continuavam dia e noite com a cantoria fora de tom e de propósito. Os outros animais começaram a se perguntar o que seria possível fazer para acabar com aquela tortura.

Num belo dia, um coelho teve uma ideia genial: ele convocou todos os animais para uma assembleia num descampado onde coubessem todos. No dia e hora marcados estavam lá todos os animais, curiosos para saber qual era a ideia. Os cangurus estavam todos presentes, pois haviam sido especialmente convocados.

Estando todos reunidos, o coelho começou a falar:

– Eu convoquei esta assembleia para fazer uma homenagem especial aos cangurus. Os cangurus são belos e adorados por todos.

E assim teceu uma série de elogios sobre os cangurus, que se sentiram todos muito lisonjeados. E, ao final, disse o coelho:

– Por todos estes motivos, eu proponho que a assembleia dos animais aprove que os cangurus sejam os únicos entre nós que tenham a permissão de andar somente sobre duas patas, visto que todos nós andamos de quatro. Andar sobre duas patas será algo especial, somente permitido aos cangurus. E com isto eles terão muitas vantagens. Para que não fiquem com vantagens demasiadas, proponho que, se for permitido aos cangurus andar sobre duas patas, eles, em troca disto, parem de cantar.

Os animais aprovaram a proposta do coelho e os cangurus ficaram extremamente felizes em serem os únicos que tinham a permissão de todos para andar sobre duas patas. E concordaram em parar com a cantoria. E, desde então, os cangurus andam sobre duas patas e não soltam som algum.

---

a) Situações e contextos oportunos para a utilização desta história

• Análise de mecanismos de negociação.

• A oferta de vantagem ao oponente na negociação nem sempre precisa significar desvantagem para si mesmo.

• A importância de se criar situações de vantagens mútuas na negociação.

• Análise do que é vantagem e o que é desvantagem em negociações concretas.

• Análise de quesitos que possam ser atrativos para a outra parte na negociação, sem que representem desvantagem para quem a está conduzindo.

• Reflexão sobre a importância da maleabilidade no que é periférico na negociação e firmeza no que é o interesse central.

• Levantamento de vantagens que podem ser oferecidas sem que estas representem problema para quem negocia.

b) Sugestão de questionamentos ou reflexões

• Como criar situações de vantagens mútuas na negociação, sem que cada um dos lados sinta que esteja perdendo algo?

• Em casos concretos de negociações, o que pode ser oferecido como vantagem sem que isto cause qualquer problema para o negociador nem signifique desvantagem para quem faz a oferta?

• Como não desviar do foco de interesse central na negociação?

• Como identificar os pontos dos quais não se pode abrir mão na negociação e aqueles dos quais se pode abrir mão?

3

As árvores doentes

$\mathcal{N}$uma certa região, o povo começou a notar que ano após ano muitas árvores ficavam com as folhas mais amareladas. Não eram mais tão verdes, já não eram tão viçosas. Alguma coisa estava acontecendo com as árvores. Chamaram então um especialista para examiná-las. Este, após uma série de estudos, concluiu que as árvores estavam doentes. O povo queria saber de onde vinha a doença. E o especialista, após uma série de estudos, concluiu que a doença das árvores era proveniente do próprio povo. Tinha-se posto cimento e asfalto por tudo quanto era lado, já não havia lugar suficiente para a água penetrar a terra e, com isso, após a chuva, a água escorria toda para o riacho, sem permanecer muito no chão. Sem muita água no chão, as árvores já não conseguiam captar umidade suficiente. Além disso o especialista notou que o sabão, o detergente e outros produtos que o povo usava para a limpeza iam simplesmente para o esgoto, que corria também para o riacho, de modo que, no tempo da estiagem, a pouca água que corria no riacho era muito poluída. As árvores que tinham esticado suas raízes em direção ao riacho para poder captar mais água captavam assim mais poluição. E tinha mais, concluiu o especialista: os carros que todos usavam e queimavam muito combustível, junto com diversas fábricas que haviam sido construídas na região, estavam poluindo o ar, de modo que a chuva, quando caía, tinha uma acidez muito grande, afetando as folhas das árvores. Tudo isto, e muito mais, era a causa da doença das árvores. O povo queria saber então se todas as árvores estavam doentes. O especialista novamente examinou as árvores e concluiu que nem todas estavam doentes. Umas eram talvez mais fortes ou mais novas e não estavam ainda afetadas. Além disso, as árvores sempre têm algumas folhas amareladas. Quando, porém, um terço das folhas da árvore estavam amarelados, era sinal claro de que estava doente.

O povo ficou muito penalizado, vendo que uma boa parte das árvores tinha mais de um terço de suas folhas amarelado. Foi feita uma comissão e exigiu-se do governo que contratasse alguém para cuidar das árvores doentes. O governo então contratou uma pessoa com a missão de cuidar das árvores doentes: toda árvore que tivesse pelo menos a terça parte de suas folhas comprometida devia receber um cuidado especial. A pessoa contratada começou então o seu trabalho. Examinava as árvores e, quando era necessário, ele colocava algum adubo e água ao seu redor. E, no final do ano, o contratado tinha de apresentar um relatório do número de árvores que estava doente e que merecia cuidados. E a cada ano era maior o número de árvores doentes. O povo ficava cada vez mais preocupado e pressionava o governo para melhor cuidar das árvores, pois do jeito que a coisa ia o número de árvores doentes só aumentava. Resolveu-se, então, contratar mais de uma pessoa para ajudar no cuidado das árvores. Mas nada mudou, pois ano após ano o número de árvores doentes continuava a aumentar.

Não sabendo mais o que fazer, o governo teve uma ideia: resolveu fazer uma lei sobre os critérios para se considerar doente uma árvore. Após muita discussão foi finalmente aprovado que seria considerada doente a árvore que tivesse a metade de suas folhas amarelada. Este critério foi passado aos contratados que cuidavam das árvores. Eles deviam dar um trato especial a essas árvores.

E ao ler o relatório do final do ano sobre o número de árvores doentes, governo e povo ficaram muito satisfeitos. Havia diminuído muito o número de árvores doentes.

---

a) Situações e contextos oportunos para a utilização desta história

• A questão de não se ter a coragem de atacar o problema em si, somente efeitos colaterais.

• Análise de situações de necessidade de mudança de hábitos e não de criação de subterfúgios para tratar os problemas.

• A importância de se lidar diretamente com os problemas e enfrentá-los.

• O fenômeno de se mudarem critérios de análise para não se mudar a origem de problemas na instituição.

• O problema de se aumentar a estrutura para cuidar dos problemas ao invés de estruturas para resolvê-los.

• Identificação de origem de problemas existentes e formulação de soluções diretas para os mesmos.

• Identificação de falsas soluções para problemas.

• A questão de problemas na instituição gerados por atitudes pessoais e a dificuldade de mudança destas atitudes.

b) Sugestão de questionamentos ou reflexões

• Quais problemas geraram estruturas para cuidar deles e quais geraram mudanças no sentido de solucionar os problemas?

• Quais problemas precisam de mudanças na instituição para que sejam solucionados?

• Já aconteceram ou estão acontecendo situações que geram problemas e não há na instituição coragem de enfrentá-los?

• Quais problemas são gerados por atitudes pessoais e como poder agir no sentido de provocar mudanças pessoais?

4

O rei, os súditos e as contingências climáticas

A colheita de trigo no reino havia sido muito fraca. Não se conseguiu nem encher a metade dos celeiros do rei. Com isso, quando veio o inverno, houve muita dificuldade; o trigo pôde ser distribuído somente de pouquinho em pouquinho e os súditos do rei passaram fome. No ano seguinte, ao final da colheita, novamente se constatou que o trigo tinha sido insuficiente. O rei, muito preocupado, pediu explicações aos súditos sobre o porquê de tão pouco trigo. Os súditos não souberam responder.

Naqueles dias passava pelo reino um estrangeiro. Era um homem estranho, de barba comprida, de fala compenetrada e pausada, de passos simétricos e longos. Ele se autoproclamava o "sábio ambulante". O rei e os súditos resolveram consultá-lo para saber a causa da colheita ruim. O "sábio ambulante" disse que podia estudar o caso e pediu uma boa quantia para fazê-lo. O rei resolveu contratá-lo. Ele andou por diversos dias pelos campos, de um lado para o outro, com ar compenetrado e olhar penetrante no horizonte. Finalmente reuniu o rei e os súditos e disse:

– Descobri as causas da parca colheita. Trata-se de "contingências climáticas".

Todos ficaram impressionados com o problema. O "sábio ambulante" pegou seu pagamento e sumiu para outras bandas. Dali em diante, todos os anos em que a colheita era ruim, o rei pedia explicações. E os súditos prontamente respondiam:

– Sua majestade sabe, são "contingências climáticas".

E assim, ano após ano, as "contingências climáticas" eram a explicação para tudo o que desse errado no campo. Um certo ano, vendo que a colheita de trigo tinha sido fraca, o rei reuniu os seus súditos e disse:

– Este ano a colheita de trigo foi novamente ruim. Quero explicações. Vocês podem dizer de tudo, mas de hoje em diante é proibido dizer que tenham sido "contingências climáticas".

---

a) Situações e contextos oportunos para a utilização desta história

• A questão do uso sempre dos mesmos argumentos para justificar a falta de resultados.

• A contratação de consultorias para detectar os problemas da instituição.

• A comodidade do uso de argumentos irrefutáveis para justificar situações adversas.

• A importância de se ampliar a busca de explicações para a falta de resultados. Quanto mais ampla for a busca de explicações, maior a chance de se entender e solucionar os problemas.

• Dificilmente um resultado ruim é consequência de apenas um problema.

b) Sugestão de questionamentos ou reflexões

• E se fosse proibido o uso de certos argumentos justificatórios?

• Quais os principais argumentos justificatórios usados na instituição?

• Como seria pensar sobre resultados ruins sem levar em conta estes argumentos comuns?

• A instituição já usou de consultoria?

• Até que ponto se pode confiar em soluções apontadas por consultorias?

5

O camponês, o guerreiro e a direção do reino de Chou

Conta-se que na China, na época em que vivia Confúcio, um camponês que morava à beira de uma estrada no alto da montanha no ducado de Lu teve, certa vez, um encontro inusitado. Ele estava trabalhando em sua roça quando avistou uma quadriga que se aproximava. Eram quatro cavalos do tipo que o camponês nunca tinha visto: fortes, altos, pelo liso e brilhante. A quadriga era conduzida por um forte guerreiro, que de pé sobre o carro de guerra controlava os cavalos. Chegando próximo ao camponês, o guerreiro parou a quadriga e perguntou-lhe:

– Qual é o caminho que leva ao reino de Chou?

O camponês, ainda admirando a maravilha do carro e sua quadriga, ia começar a dizer que o guerreiro precisava fazer meia-volta, pois Chou ficava justamente na direção oposta àquela que ele estava andando. O guerreiro nem deixou o camponês falar e começou a elogiar seus cavalos:

– Estás vendo estes animais? Não existem no mundo cavalos iguais a estes: tão fortes, tão saudáveis, tão bem domados. Com eles posso andar três dias sem descanso. Posso colocar o peso que quiser em cima do carro que eles aguentam puxar. Nada consegue deter estes animais.

E o camponês, olhando com atenção os animais de fato inigualáveis, ia dizer que o guerreiro precisava tomar o caminho oposto, mas foi logo interrompido:

– Estás vendo as rodas do meu carro? Feitas com a madeira mais nobre e resistente que conheço. O entalhador de madeira que as fez levou anos para deixá-las assim tão perfeitas. Na verdade, com estas rodas em meu carro, não temo estrada alguma. Podem vir buracos, pedras, alagadiços, fendas ou inclinações: nada é capaz de quebrar ou enviesar estas rodas.

O camponês observa que as rodas são realmente um primor. Entalhadas sem qualquer defeito. Redondas como que por natureza. E ia dizer que o guerreiro devia tomar a direção contrária, quando este começou a falar de seu carro:

— E observe o meu carro de guerra: nele sinto-me preparado para qualquer batalha. É feito de tal maneira que estou sempre bem equilibrado, as peças são todas encaixadas perfeitamente e foi pensado em tudo: o lugar para amarrar as rédeas, para colocar minha provisão, para guardar a espada, o escudo, a lança. Não, aqui não falta nada. E observe a testada de madeira: feita para aguentar qualquer tranco no campo de batalha.

O camponês olhou os detalhes e viu que nada ali estava fora do lugar. Realmente invejável. E quando ia dizer que o caminho a ser tomado era o oposto, o guerreiro despediu-se dizendo:

— Não, quem tem uma quadriga e um carro assim, não teme nada.

E tocou seus cavalos, saindo em disparada. E o camponês gritou em vão:

— Mas Chou fica na direção contrária.

---

a) Situações e contextos oportunos para a utilização desta história

• Fazer análise sobre a clareza da direção (objetivos a serem alcançados) que a instituição precisa ter.

• Análise da ligação entre as estruturas da instituição e os seus objetivos.

• Fazer levantamento de estruturas que não estejam servindo aos objetivos da instituição.

• Análise da importância da clareza do rumo da instituição na constituição de suas estruturas.

• Análise das forças que são despendidas na manutenção das estruturas e confronto com as forças que são despendidas na busca dos objetivos da instituição.

b) Sugestão de questionamentos ou reflexões

• Está claro para todos os envolvidos a direção na qual a instituição deve caminhar?

• Quais estruturas existentes na instituição têm pouca ligação com os objetivos da mesma?

• Como modificar estruturas que não estejam ligadas aos objetivos da instituição e torná-las eficientes na busca dos objetivos?

• Quais estruturas na instituição estão ligadas diretamente aos seus objetivos e quais estão ligadas indiretamente?

• Quais estruturas boas na instituição estão sendo desperdiçadas quando se pensa no objetivo da instituição?

6

O cachorro Bobi

$\mathcal{N}$uma bela cidadezinha do interior do estado do Rio de Janeiro, a igreja era localizada no alto do morro. Além da igreja e da casa paroquial, não havia nenhuma outra construção lá no alto. Em frente à igreja havia um grande pátio, que servia de estacionamento para quem a frequentava. Um caminho calçado de paralelepípedos ligava a rua principal ao pátio da igreja. Durante a semana o pátio ficava o mais das vezes totalmente vazio. De vez em quando alguns cachorros de rua resolviam dar uma voltinha no pátio.

Num dado momento, um dos cachorros de rua resolveu adotar o pátio como moradia. Começou a ficar por lá e não mais descer à cidade. O padre da igreja se afeiçoou ao bichinho e dava-lhe algo de comer. E começou a chamá-lo de Bobi. Não era um cachorro de raça especial, mas tinha um bom tamanho. E como a comida era boa, logo ele ficou bem forte. Bobi vivia no pátio e se achava o dono do pedaço. Quando ocorria de outros cachorros subirem o caminho de paralelos e dar as caras no pátio da igreja, Bobi logo se levantava, eriçava os pelos, latia forte e corria na direção dos intrusos. Se estes, com medo, corriam morro abaixo, Bobi voltava feliz, dava uma voltinha no pátio e ia se deitar na frente da casa paroquial.

Às vezes ocorria, porém, que um grupo de cachorros subia até o pátio. Bobi, como sempre, logo se levantava, se agitava todo, latia e partia correndo na direção do grupo. Se o grupo, no entanto, nem se importava com a valentia de Bobi ou então, pelo contrário, latia também e dava sinais de querer enfrentá-lo, Bobi corria latindo até o meio do pátio. Dali em diante parava de latir, baixava o pelo e ia batendo o rabinho na direção dos outros cachorros. Chegando ao grupo os recebia com festinha e juntos davam diversas voltas no pátio, até que o grupo descia o morro e Bobi continuava lá: o dono do pátio.

a) Situações e contextos oportunos para a utilização desta história
• Análise do campo de atuação da instituição.
• Análise da reação da instituição frente à concorrência?
• Proposição de maneiras diversas de reagir frente à concorrência.
• Análise do espaço de ação da instituição e do espaço de ação da concorrência. Sobreposições e distinções.
• Reflexão sobre a concorrência no mesmo campo de atuação da instituição.

b) Sugestão de questionamentos ou reflexões
• A instituição conhece o seu campo de ação?
• Os concorrentes dentro deste campo de ação estão identificados?
• Já houve situações de enfrentamento da concorrência e quais as consequências?
• Já houve situações de aliança com a concorrência e quais as consequências?

7

Os monges e os bancos na igreja

$\mathcal{N}$a igreja do mosteiro, os monges reuniam-se diversas vezes ao dia para a oração do ofício divino, conforme estabelece a regra da comunidade. A igreja havia sido construída de tal maneira que havia um espaço amplo atrás do altar destinado à oração dos monges. Neste espaço estavam seis fileiras de bancos, três de cada lado, de forma que ficavam de frente umas para as outras. Assim os monges rezavam o ofício em dois coros. Na nave principal da igreja havia duas carreiras de bancos voltadas para o altar, como normalmente acontece em todas as igrejas. Ali o povo se reunia para participar da Eucaristia.

De certa feita, por ocasião de uma celebração especial, as fileiras de bancos atrás do altar, que ficavam de frente umas para as outras, foram dispostas de outra maneira: numa só carreira, voltada para o altar. Na noite do mesmo dia desta celebração especial, os monges reuniram-se em capítulo, isto é, na assembleia da comunidade, para deliberar sobre assuntos domésticos. Entre outros assuntos, um monge levantou a questão da posição dos bancos na igreja. Em sua opinião, os bancos não mais deveriam ser dispostos em fileiras, frente a frente. Eles deveriam permanecer numa carreira, voltada para o altar. Desta maneira, argumentava, ao rezar o ofício, os monges estariam voltados para o povo na igreja, dando assim um testemunho de oração. Outro monge se contrapôs à ideia: na sua opinião os bancos deveriam voltar à sua posição original, em fileiras frente a frente, pois esta era a posição correta para o ofício divino, que previa a oração em dois coros. Expostas as duas opiniões, muitos monges entraram na discussão, argumentando ora por uma, ora por outra posição. E de maneira cada vez mais erudita, filosófica e teológica aconteciam acaloradas defesas de uma e de outra posição. Depois de muita discussão, a situação era clara: a comunidade estava dividida e não havia consenso sobre a questão. Tendo sido trocados todos os argumentos, o superior resolveu colocar então em votação: os que defendiam que os bancos deveriam ficar em uma carreira, voltada para o altar, formaram a maioria. Estava então decidido que os bancos não mais seriam postos em fileiras frente a frente como antes. Iriam permanecer na nova posição. Encerrou-se o capítulo e os monges foram dormir.

Aconteceu, porém, que enquanto os monges discutiam erudita e acaloradamente sobre a posição dos bancos na igreja, a irmã sacristã, alheia à discussão, recolocou os bancos na sua antiga posição. Na manhã seguinte, os monges entraram na igreja para a oração da manhã e tomaram lugar nos bancos, nas fileiras frente a frente. Rezaram como sempre o ofício divino e ninguém nunca levantou a pergunta sobre a correta posição dos bancos na igreja.

---

a) Situações e contextos oportunos para a utilização desta história

• O problema de discussões nas quais os participantes estão mais interessados em mostrar sua maestria argumentativa que propor soluções.

• Discussões nas quais os participantes têm apenas interesse em mostrar-se a si mesmos e não contribuir efetivamente para a questão que está em pauta.

• A questão da falta de comprometimento das pessoas com suas próprias proposições dentro da instituição.

• A perda de tempo na discussão de problemas pouco importantes.

b) Sugestão de questionamentos ou reflexões

• Qual o envolvimento real das pessoas na questão discutida?

• Há um interesse propositivo nas discussões propostas?

• Qual o comprometimento das pessoas na instituição com suas proposições?

• As decisões são tomadas após discussões importantes para os envolvidos?

8

Os dois pássaros na árvore

$\mathcal{N}$uma alta árvore, aos pés dos Andes, vivem dois pássaros. Um vive no alto da árvore e o outro vive nos galhos perto do chão. O que vive no alto da árvore quase não tem comida. Alimenta-se com os insetos que por lá voam de vez em quando. Ele fica a maior parte do tempo pousado num galho, segurando-se firme para não ser levado pelo vento. Ele procura sempre a melhor posição, uma que lhe permita não sofrer tanto com o impacto do vento, mas que lhe dê chance de voar rapidamente quando um inseto aparece. Quando chega o inverno ele precisa encolher-se mais ainda e fechar bem as penas de tal maneira que o frio não penetre até seu corpo. Pousado firme em seu galho ele tem de aguentar a neve e o vento frio a soprar por muitos dias.

O pássaro que vive nos galhos perto do chão tem muita comida. Há muitos insetos no chão e há frutas que caem por ali. Ele voa pelos galhos baixos, anda um pouco pelo chão e come a se fartar muitas vezes ao dia. Às vezes come tanto que mal consegue voar até o galho. O vento forte que sopra no topo da árvore não faz nenhum sinal por ali. Quando chega o inverno e não há mais frutas e restam poucos insetos, este pássaro fica xingando o tempo todo e reclamando do maldito frio. O outro, no alto da árvore, se o frio aperta, apenas encolhe mais forte suas penas e continua a sua tranquilidade.

---

a) Situações e contextos oportunos para a utilização desta história
- A relação entre mordomias e reclamações dentro da instituição.
- Situações de dificuldades podem ser ocasiões para se melhorar a resistência.
- A reação frente a situações adversas.
- A importância de mecanismos de resistência a adversidades.
- Crises podem ser usadas como ocasiões de melhora de eficiência.

b) Sugestão de questionamentos ou reflexões

• Qual a reação das pessoas dentro da instituição em situações de adversidade?

• Como se lida com tempos adversos dentro da instituição?

• É possível dizer que quanto maiores as mordomias, tanto maiores as reclamações?

• Qual a fonte de maiores reclamações dentro da instituição?

• Ocorreram já situações em que crises foram motivadoras de melhorias na eficiência da instituição?

9

Os arqueiros do mestre Hui

No tempo do filósofo chinês Chuang Tzu, havia no ducado de Chu uma escola de arqueiros. Ali o mestre Hui acolhia alunos vindos de todos os ducados da região. Nesta escola os alunos aprendiam tudo o que diz respeito à arte de usar o arco e a flecha. Por um lado aprendiam o que era necessário para se obter um bom arco: a escolha da vara de madeira, a melhor época para o corte da árvore, a técnica de deixar secar, o seu preparo para que ganhasse a melhor elasticidade possível, o preparo da vara para receber o barbante, a forma de trançar o barbante, a forma de amarrar o barbante na vara, a envergadura ideal para não cansar a madeira, enfim, ali se aprendia todos os detalhes da construção de um bom arco. Igualmente se aprendia a fazer as flechas: as varetas específicas para cada tipo de flecha, a forma de prepará-las para que não entortassem, os diferentes tipos de flechas para diferentes objetivos, as flechas para longos tiros, as flechas para abater animais a curta distância, as flechas para a guerra e assim por diante.

Outra parte do aprendizado dizia respeito ao manuseio do arco e da flecha. Ali desenvolviam-se, sobretudo, três quesitos: rapidez, precisão e distância nos tiros de flecha. Primeiro aprendia-se cada coisa em separado e para os mais adiantados iniciava-se o aprendizado do uso dos três quesitos em forma combinada. Por meses e anos passavam os alunos ali na escola, ao lado do mestre e seus ajudantes, até que soubessem dominar com a maior destreza possível a arte do arqueiro.

Todos os anos, no início da primavera, ocorriam os jogos da escola de arqueiros. Era o momento esperado por alunos e ex-alunos. Nos jogos cada qual queria mostrar que tinha sido um bom – se não o melhor – aluno de Hui em alguma categoria. Os jogos eram divididos em muitas modalidades: precisão, rapidez, força, distância... E tudo isto separado ou combinado de diversos modos. Mas, em todas as categorias, cada competidor tinha direito a um tiro só. Uma das modalidades mais cobiçadas era o tiro a distância. Ali era necessária a combinação de uma série de fatores. Primeiro eram necessárias boas precondições, ou seja, um bom arco, uma flecha excelente. Sem isto, nem se podia aventurar na competição. Depois disso era preciso saber analisar a velocidade do vento, o melhor ângulo para o tiro, saber esticar o arco até o máximo de sua potência e disparar o tiro no momento certo.

Acontecia que muitos arqueiros, no afã de vencer a competição de tiro a distância, retesavam o arco ao máximo e, querendo mais ainda, puxavam o mesmo um pouco mais. E aí o arco se rompia. Chorosos, por terem de sair da competição sem nem sequer conseguir demonstrar nada de sua habilidade, estes arqueiros iam procurar consolo no mestre Hui. Este tinha sempre a mesma palavra:

– Se retesas o arco até arrebentá-lo, desejarias ter parado antes.

---

a) Situações e contextos oportunos para a utilização desta história

• O perigo de se levar uma situação ao extremo na instituição.

• Levar uma situação (discussão, negociação, proposta) ao extremo pode ter o efeito de se ter passado do ponto e não mais ser possível voltar atrás.

• Apostar todas as cartas pode ser sinal de força, mas há o perigo de se perder e aí a aposta é sinal de fraqueza.

• Muitas vezes só se conhece os limites quando se passou deles e aí pode ser tarde.

• A importância de se conhecer os limites que não podem ser ultrapassados.

• As técnicas aprendidas só funcionam dentro dos limites.

b) Sugestão de questionamentos ou reflexões

• Em quais ocasiões já se levou algo ao limite e quais as consequências?

• Quais as coisas que não se pode levar ao limite na instituição, com o perigo de se perder tudo?

• Está claro quem determina os limites que não podem ser ultrapassados?

• O que fazer para não deixar que situações sejam levadas ao limite?

10

O ar, a água e os dois povos vizinhos

*D*ois povos vizinhos eram muito amigos de longa data. Há séculos moravam um ao lado do outro sem que nunca se tivesse tido a notícia de qualquer desavença ou rivalidade entre eles. Entre os governantes dos dois povos havia igualmente boa convivência e mútua colaboração. O modo de vida de ambos também não diferia muito: viviam da plantação e do gado e nos riachos havia muito peixe. Boa parte das terras de ambos os povos ainda estava coberta pela mata.

A economia de um destes povos, porém, mudou radicalmente quando foi descoberto carvão mineral em seu subsolo. As terras, que antes serviam apenas para cultivar alguma plantação, capim para o gado ou que estavam cobertas pela mata, foram agora rasgadas por máquinas que fizeram estradas em várias direções. Minas de carvão foram abertas em diversos lugares; galerias subterrâneas foram construídas para extrair o mineral; grandes instalações foram feitas para separar o carvão da pirita; estruturas de transporte foram construídas para dar vazão à produção e levar o carvão para outros países e regiões. Em poucos anos o modo de vida e o lugar onde morava este povo estava totalmente modificado. Do tempo em que se vivia da agricultura e do gado, do tempo em que o divertimento era pescar no rio ou caçar algum bicho no mato, pouco sobrara. O que não mudou, no entanto, foi a amizade com o povo vizinho. Eles continuavam a se visitar mutuamente e cultivavam a boa convivência.

O povo que vivia do lado onde não havia carvão começou a notar algumas coisas estranhas entre eles. A água do subsolo estava sumindo: onde antes bastava cavar cinco ou seis metros para se ter um poço com boa água, agora nem a vinte ou trinta metros era possível obter água. A água dos rios que vinha do povo vizinho era agora uma água escura e com forte cheiro de enxofre. Nela não mais havia nem sinal de peixes. Também as rãs que antes pulavam por todo o lado haviam desaparecido misteriosamente. Quando o vento soprava vindo da direção do outro povo, o cheiro era insuportável e o número de casos de doenças pulmonares aumentava a olhos vistos. O governo deste povo nomeou então uma comissão de peritos para estudar a origem destas coisas estranhas e dar uma solução para os problemas. E estipulou uma data para a entrega do laudo. Não precisou de muito tempo para a comissão concluir que todos os problemas estavam ligados com a forma de exploração das minas de carvão do povo vizinho. Como, porém, dizer isto? Os dois povos eram muito amigos há séculos! Não iria esta conclusão colocar em risco a amizade entre eles? Chegada a data de entrega do laudo, a comissão entregou sua conclusão ao governador. Nela se lia: "A água e o ar são burros. Eles não entendem da convivência humana e por isso não respeitam os limites entre os povos".

---

a) Situações e contextos oportunos para a utilização desta história

• Necessidade de busca de solução de problemas onde estão envolvidas pessoas amigas.

• Os problemas devem ser enfrentados independente da amizade que une os envolvidos.

• Escamotear soluções de problemas por causa da amizade não é a maneira honesta de resolvê-los.

• A relação entre amizade e necessidade de solução de problemas de amigos envolvidos.

• A questão da amizade como empecilho para busca de soluções dentro da instituição.

• A falsa solução de problemas na instituição por causa da amizade.

b) Sugestão de questionamentos ou reflexões

• A solução de problemas entre amigos não pode justamente solidificar a amizade?

• Ocorreram situações em que a amizade gerou uma falsa solução de problemas?

• Há situações em que a amizade está levando a não enfrentar o problema na instituição?

• É possível separar amizade da necessidade de solução de problemas com amigos envolvidos em lados opostos?

11

A mosca azul

*H*avia em um reino um administrador muito severo. Era respeitado e temido por amigos e adversários. Quando tinha de realizar julgamentos, seu lema era: aos amigos a lei, aos adversários o rigor da lei, mas acima de tudo e sempre a lei. Toda vez que acontecia de um dos súditos do rei – que tivesse recebido alguma posição de responsabilidade – não mais cumprir com seus deveres ou de se constatar que houvesse praticado algum desvio, o administrador o chamava e o demitia sumariamente de seu posto. No demitido era estatuído o exemplo da severidade a ser temido por todos: sua culpa era publicamente exposta e com isto perdia seu ganho, seu prestígio e a possibilidade de colocar-se a serviço de outrem no reino.

Com isso o demitido e toda a sua família estão expostos à vergonha. Por causa disto, o demitido e toda a sua família ficavam com muita raiva do administrador, não mais o podiam ver em lugar algum e sempre procuravam motivos para falar de sua severidade como malvadeza, como insensibilidade. Quando calhava do rei, em visita a seus súditos, passar por alguma aldeia onde alguém já tivesse sido demitido, sempre acontecia de passar por um certo constrangimento, pois toda a família daquele que havia sido demitido atribuía as ações do administrador como se fosse do rei mesmo.

Mesmo sabendo que as demissões haviam sido justas, ao rei não mais agradava ter de passar por este constrangimento sempre que fosse a uma aldeia onde já tivesse ocorrido um caso de demissão. Não mais satisfeito com esta situação, ele chamou o administrador e lhe ordenou: "Toda vez que tiver de ocorrer uma demissão, eu mesmo a farei". Dali em diante, toda vez que um súdito tivesse de ser demitido de um cargo de responsabilidade, o administrador relatava o caso ao rei e este chamava o respectivo súdito para comunicar pessoalmente sua demissão do posto. Depois de uma longa conversa, o súdito saía dali cheio de alegria. Contava a todos sobre as qualidades administrativas que o rei lhe havia reconhecido, sobre o fato de não mais ser adequado ao reino um administrador com tais qualidades e sobre os planos de partir imediatamente para a cidade mágica, onde estas qualidades poderiam finalmente ser postas totalmente em ação. E poucos dias após a demissão, o demitido partia com alegria em busca da cidade mágica. O administrador, intrigado com o método do rei, perguntou-lhe:

– O que Sua Majestade faz para que todos os que perdem o posto saiam com grande alegria, partindo imediatamente para a cidade mágica?

– Nada – disse o rei –, apenas deixo que eles sejam picados pela mosca azul.

---

a) Situações e contextos oportunos para a utilização desta história

• A importância de apontar perspectivas para as pessoas, mesmo em situações adversas.

• Não ter perspectiva é pior que ter alguma, mesmo que frágil.

• Há modos e modos de lidar com o desligamento de uma pessoa da instituição.

• Apontar perspectivas em situações adversas é uma arte.

• Deve-se fazer uma distinção entre apontar perspectivas e criar ilusões.

b) Sugestão de questionamentos ou reflexões

• Como ocorreram os desligamentos das pessoas da instituição?

• É possível criar mecanismos que fomentem perspectivas para as pessoas, mesmo em situações adversas?

• Qual a diferença entre apontar perspectivas e criar ilusões?

• Não há o perigo de que um mecanismo de apontar perspectivas apenas crie ilusões?

12

A briga dos deuses

$\mathcal{N}$uma reunião de deuses estavam todos a comentar sobre os seus poderes. Cada qual se orgulhava do que tinha conseguido e conseguia fazer. O deus das águas comentou então que, ao passar pela terra, viu os homens elogiando a beleza que se tinha da vista das montanhas. Ouvira homens dizer que poderiam ficar dias e dias a observar a paisagem das montanhas, que isso só poderia ter sido feito por um deus muito especial. E muitas coisas mais disse ter ouvido dos homens sobre a beleza e a imponência das montanhas. O deus das montanhas ficou todo orgulhoso e cheio de si com os elogios. O deus das matas ficou com muito ciúme destes elogios e retrucou que as montanhas só tinham beleza por causa das matas que as cobriam. Sem as matas, com suas cores diversas, com sua vitalidade, com o clima que as matas proporcionam, sem isto as montanhas não passariam de amontado de terra e pedra aterrorizante. Nenhum homem iria querer ir a uma montanha se não fossem as matas. As montanhas sem matas não seriam nada, a não ser lugar de medo e morte.

Quando o deus das matas assim retrucou, fez-se silêncio na reunião e todos esperavam a reação do deus das montanhas. Este não deixou por menos. Disse que na verdade o deus das matas era um deus invejoso e vaidoso, que não podia ouvir elogios a outros que logo ficava irado, pois – em sua vaidade – só imaginava elogios a si mesmo. O deus das matas continuou a discussão, gritando ao deus das montanhas que ele aproveitava-se do trabalho dos outros para se vangloriar. Que ele estava colhendo elogios de coisas que nem tinha feito.

De um lado e do outro o deus das montanhas e o deus das matas ficaram se acusando e até o final da reunião não se conseguiu quem fizesse com que os dois se acalmassem, muito menos que se reconciliassem. Terminada a reunião, o deus das montanhas e o deus das matas não mais se falavam. E assim passou-se muito tempo, sem que um dos dois dirigisse ao outro a palavra. Sempre que ocorria dos dois estarem juntos, era aquele silêncio e clima pesado e no céu já não havia mais tanta alegria.

O deus dos ventos teve então uma ideia. Procurou o deus das montanhas e lhe disse:

– Estive conversando com o deus das matas sobre a discussão que vocês tiveram. Ele me disse que está totalmente arrependido do que falou na ocasião. Ele reconhece que está errado, mas está tão envergonhado que nem consegue procurar você para pedir desculpas. Eu tenho uma ideia: da próxima vez que vocês se encontrarem, simplesmente o abrace, faça como se nada tivesse acontecido e não toque mais no assunto. Daí em diante tudo estará bem novamente entre os deuses.

O deus das montanhas ficou muito feliz com o que ouviu do deus dos ventos e ficou apenas esperando a ocasião para abraçar novamente o deus das matas. Saído da conversa com o deus das montanhas, o deus dos ventos procurou o deus das matas e disse-lhe:

– Estive conversando com o deus das montanhas sobre a discussão que vocês tiveram. Ele me disse que está totalmente arrependido do que falou na ocasião. Ele reconhece que está errado, mas está tão envergonhado que nem consegue procurar você para pedir desculpas. Eu tenho uma ideia: da próxima vez que vocês se encontrarem, simplesmente o abrace, faça como se nada tivesse acontecido e não toque mais no assunto. Daí em diante tudo estará bem novamente entre os deuses.

O deus das matas gostou muito de ter ouvido a conversa do deus dos ventos e apenas esperava a ocasião para encontrar o deus das montanhas.

Não passou muito tempo e aconteceu de o deus das montanhas e o deus das matas se encontrarem. Assim que se viram, já a distância, um abriu um sorriso para o outro. Um foi ao encontro do outro, abraçaram-se longamente e voltaram a conversar com todo o ânimo. Dali em diante, ficaram novamente muito amigos e nunca mais se tocou no assunto da desavença.

---

a) Situações e contextos oportunos para a utilização desta história

• A questão das vaidades pessoais dentro da instituição.

• A interferência de vaidades no funcionamento da instituição.

• Mecanismos de conciliação de vaidades pessoais e eficiência destas pessoas na instituição.

• Intermediação em situações de impasse causadas por vaidades pessoais.

• A importância de conciliadores dentro das instituições.

b) Sugestão de questionamentos ou reflexões

• Onde se pode identificar vaidades pessoais interferindo na instituição?

• Ocorreram situações prejudiciais à instituição ocasionadas por vaidades pessoais?

• Há na instituição pessoas com instinto conciliador?

• Há interferência negativa entre manifestação de vaidades pessoais e eficiência destas pessoas em suas funções?

13

A casa dos anões

*U*ma viúva muito pobre vivia com seus filhos em um sítio não muito longe da cidade. Para sustentar a família, vendia-se de tudo um pouco daquilo que no sítio se produzia: um pouco de banana, a produção do milho, a mandioca, algum feijão quando a safra era boa, etc. Cada vez que tinham alguma coisa para vender, a viúva colocava os mantimentos em alguns sacos, conforme a quantidade, e os levava para a cidade para vender na quitanda de um senhor já conhecido. Alguns dos filhos acompanhavam a mãe na sua ida à cidade, conforme a necessidade de gente para carregar os mantimentos. Os outros ficavam em casa e eram sempre cuidados pela irmã mais velha.

Uma das filhas mais novas, como era pequena e fraca, sempre tinha muita dificuldade quando acompanhava a mãe à cidade. Ela reclamava muito pelo caminho: ora porque estava muito pesado o saco de mercadorias que carregava, ora porque os pés doíam, ora porque estava cansada, ora porque estava com fome, ora até talvez por manha. Toda vez que a menina parava e começava a chorar reclamando, a mãe a consolava e dizia que se fosse forte, se aguentasse o caminho, ela a levaria na cidade para ver a casa dos anões. A menina ficava imaginando como devia ser bonita a casa dos anões. Animava-se com a sua imaginação e, mesmo com as dificuldades, continuava o caminho. Quando chegavam à cidade, havia tanta coisa para ver que a menina nem mais se lembrava de perguntar pela casa dos anões. E assim muitas e muitas vezes a menina venceu as dificuldades com a promessa de que iria ver a casa dos anões.

Os anos se passaram, a menina cresceu e com muito esforço e dedicação perseverou nos estudos. Cursou ensino superior e pós-graduação, dedicou-se ao magistério, foi professora e orientadora pedagógica de sucesso, morando justamente na cidade onde a mãe vendia os mantimentos. Certa ocasião, veio-lhe à memória a história da mãe, com a promessa de mostrar a casa dos anões. Perguntou-se a si mesma onde poderia ser esta tal casa dos anões. Não chegou a conclusão nenhuma sobre sua localização. Depois descobriu que a casa dos anões talvez nem existisse, mas fora um dos pontos principais a alimentar seus sonhos e dar-lhe forças.

---

a) Situações e contextos oportunos para a utilização desta história
• A importância do sonho na instituição.
• A força do imaginário na ação das pessoas.
• A necessidade de dar espaço aos sonhos das pessoas dentro de sua atividade.
• A possibilidade de mecanismos que incentivem os sonhos das pessoas.
• Os sonhos pessoais e sua importância para a ação destas pessoas.
• A instituição não pode ser alheia ao sonho das pessoas.
• Estruturas de ligação entre os sonhos pessoais e o funcionamento da instituição.

b) Sugestão de questionamentos ou reflexões
• As pessoas podem manifestar seus sonhos nesta instituição?
• Como a instituição lida com os sonhos de seus membros?
• Há a preocupação de acolher os sonhos pessoais positivamente na instituição?
• Há possibilidade de ligar os sonhos pessoais com os objetivos institucionais?
• Ocorreram já situações de sonhos terem impulsionado positivamente a instituição?
• É possível fazer um levantamento dos sonhos que impulsionaram os pioneiros da instituição?
• Os sonhos dos pioneiros têm ainda importância dentro da instituição?
• É possível fazer dos sonhos dos pioneiros sonhos atuais para as pessoas da instituição?

14

O vendedor de geladeira no Polo Norte

*N*uma indústria de geladeiras havia um vendedor que lá já trabalhava há muitos anos. Era até eficiente em seu trabalho, porém extremamente chato e ninguém mais o suportava. Vivia de mau humor com seus colegas e encrencava com todos os setores da empresa. Todos queriam que fosse demitido. Mas sua demissão não era assim tão simples: e não apenas porque a multa rescisória seria alta. O maior problema eram as horas extras que tinha na casa. Daria uma fortuna pagar isto tudo. A direção da empresa tinha medo que uma demissão gerasse uma reclamação destas horas e uma conta monstruosa a ser paga.

E assim o tempo passava neste impasse: o sujeito sendo insuportável e a empresa sem coragem de demiti-lo. Um dia alguém teve uma ideia: por que a empresa não o transfere para uma área de vendas tão ruim que ele desista e peça demissão? A ideia foi acolhida como ótima. Só faltava escolher o lugar. Este também não demorou a ser decidido: o vendedor seria transferido para abrir uma nova frente de negócios, a venda de geladeiras no Polo Norte. E para lá despacharam o vendedor, esperando já a sua carta com o pedido de demissão. Esta, porém, não veio. O que vinha eram pedidos e mais pedidos de geladeira para o Polo Norte. E eram muitos pedidos, inclusive de geladeiras grandes, de duas ou três portas. Ninguém na empresa entendia o que estava acontecendo.

Alguém não resistiu à curiosidade de saber como o sujeito estava conseguindo vender geladeiras para os esquimós no Polo Norte e resolveu telefonar para perguntar. O vendedor disse:

– É muito simples. A geladeira aqui tem muitas utilidades, menos a de gelar as coisas. Como é uma caixa térmica, usa-se a geladeira para, por exemplo, guardar bebidas para que não congelem, usa-se como guarda-roupa para as roupas não ficarem tão frias, usa-se para guardar as botas de modo que quando elas são calçadas não estão congeladas. Ah, e aquelas geladeiras grandes que tenho vendido são usadas deitadas como caixa para dormir. É muito mais quentinho que no iglu.

---

a) Situações e contextos oportunos para a utilização desta história
• Mesmo em situações adversas, é possível pensar em saídas.
• A importância de ser fiel à realidade: se ela impuser mudanças, é preciso segui-las.
• Situações adversas podem ser revertidas com criatividade.
• A importância do não dogmatismo na busca de soluções.
• A coragem de enfrentar caminhos novos pode trazer novos conhecimentos e campos de atuação.

b) Sugestão de questionamentos ou reflexões
• Ocorreram mudanças na instituição que foram impostas pela realidade?
• Quais situações adversas forçaram mudanças não dogmáticas?
• Existem dogmatismos impedindo ou dificultando mudanças necessárias?
• Em que campos ou áreas da instituição são necessárias mudanças não dogmáticas?

15

Os porcos assados

$\mathcal{U}$m povo que vivia na floresta gostava de comer porcos-do-mato. Certa feita houve um incêndio no mato e o fogo matou muitos porcos. Para não desperdiçar os porcos que morreram queimados, o povo resolveu comer a carne. E achou uma delícia a carne assada pelo fogo, pois até então comiam a carne crua. Desde então, quando queriam comer porcos assados, colocavam fogo no mato. Muitos porcos não conseguiam fugir a tempo e eram assados pelo fogo e o povo então comia carne assada. E assim passou-se o tempo.

Depois de anos, algumas pessoas começaram a perceber que esta maneira de assar os porcos destruía muita mata e resolveram então estudar como colocar fogo melhor, para assar porcos sem queimar muita mata. Com um bom estudo e muitos experimentos, passaram a dominar a técnica de controlar o fogo de tal maneira que, em combinação com o vento, o tipo da mata e a temperatura, apenas parte da mata fosse queimada. E assim passou-se o tempo.

Depois, alguém notou que o fogo acabava assando porcos gordos e magros, pequenos e grandes. E isto era desnecessário. Melhor seria que apenas os porcos gordos fossem pegos pelo fogo. Assim eles começaram a estudar uma maneira de se colocar fogo em pontos certos, de tal maneira que os porcos, ao correrem para escapar do fogo, eram selecionados: os mais gordos, que não conseguiam correr tanto, eram apanhados pelo fogo, enquanto os mais magros e novos escapavam do fogo porque corriam mais. E assim passou-se o tempo.

Alguns começaram a notar que o gosto dos porcos assados não era sempre o mesmo. Às vezes tinha um certo tempero que fazia a carne especialmente apetitosa. Depois de muito estudar, notaram que este gosto estava relacionado com o tipo de árvore que queimava assando os porcos. As folhas de certas árvores, quando queimavam assando os porcos, davam à carne um sabor especial. E então, depois de muitos estudos, passaram a dominar a técnica de plantar, no meio do mato, certas árvores com gostos especiais, de maneira que os porcos assados tinham temperos deliciosos. E assim passou-se o tempo.

O povo dominava então toda a técnica de colocar fogo no mato, de fazer com que o fogo queimasse apenas parte do mato, de fazer com que o fogo avançasse de maneira tal a só assar os porcos gordos e de queimar o mato de maneira que os porcos assados tivessem temperos especiais. Surgiram muitos especialistas em colocar fogo no mato para assar porcos. Desenvolveu-se todo um estudo em torno do assunto, inclusive com graduação em nível superior. Até que um dia alguém perguntou: – Será que não seria mais fácil pegar os porcos, temperá-los e assá-los ao invés de todo este trabalho de colocar fogo no mato?

---

a) Situações e contextos oportunos para a utilização desta história

• Analisar a estrutura da instituição ou corporação.

• Refletir sobre a relação entre as estruturas existentes e a finalidade da instituição ou corporação.

• Detectar se estruturas não estão apenas sustentando outras estruturas, sem ligação com a atividade-fim, ou seja, com os objetivos da instituição.

• Discernir quais estruturas da instituição ou do grupo estão diretamente ligadas à sua finalidade, quais estão ligadas de forma indireta e quais têm pouca ligação com a atividade-fim da instituição ou com os objetivos do grupo.

• Analisar a possibilidade de se desmontar estruturas da instituição sem que haja prejuízo aos seus objetivos.

• Fazer uma revisão da estrutura da instituição (organograma geral) e sua ligação com a atividade-fim.

b) Sugestão de questionamentos ou reflexões

• Quais estruturas da instituição estão diretamente ligadas com a atividade-fim?

• Quais estruturas da instituição não estão ligadas com a atividade-fim?

• Há estruturas dispensáveis do ponto de vista do funcionamento da instituição?

• Há necessidade de criação de outras estruturas (substitutivas) ligadas mais diretamente com a atividade-fim?

• As estruturas grupais estão ligadas aos seus objetivos?

16

O professor, o aluno, o teodolito e a altura do Cristo Redentor

$\mathcal{N}$o curso de agrimensura havia um aluno que sempre tinha respostas engraçadas e heterodoxas às questões propostas. O professor de cálculo irritava-se com as respostas do aluno e esperava uma ocasião para tolher-lhe as gracinhas. De certa feita, na prova semestral, o professor colocou aos alunos a seguinte questão: "Como medir a altura da estátua do Cristo Redentor, no Rio de Janeiro, usando um teodolito?" Todos os alunos começaram a descrever as fórmulas de cálculo, utilizando a relação entre distância e ângulos a serem auferidos com a ajuda do teodolito. E enquanto todos estavam ainda ocupados com os cálculos de ângulos e fórmulas, o tal aluno heterodoxo entregou ao professor sua solução. Ali se lia: "Para medir a altura do Cristo Redentor usando um teodolito, basta subir pela escada interna até o seu topo, amarrar o teodolito num barbante, soltar o barbante até que o teodolito toque o chão e depois, com uma trena, medir o tamanho do barbante". O professor ficou roxo de raiva, mas não tinha como dizer que o aluno não tivesse respondido à questão. Perguntou então ao rapaz:

– Mas esta é a única maneira de saber a altura do Cristo Redentor usando um teodolito?

– Não – disse o aluno –, existem outras maneiras.

– Diga então uma outra maneira – perguntou o professor.

– Posso usar o teodolito com tripé? – perguntou o rapaz.

E ao sinal positivo do professor, o aluno explicou que iria medir o comprimento do tripé e depois subiria a escada interna usando o tripé como medida na parede, fazendo uma marcação após cada medida. Quando chegasse ao topo, bastaria multiplicar o comprimento do tripé pelo número de vezes que o mesmo tinha sido marcado na parede. O professor ferveu de raiva, mas tinha que concordar que a questão havia sido solucionada. Disse então ao aluno:

– Você sabe muito bem que eu estou querendo que você utilize as fórmulas de cálculos que ensinei em aula. Por que está fazendo diferente?

– Eu sei – respondeu o aluno – que o senhor quer que eu utilize as fórmulas. Mas eu só quero mostrar que, para muitos problemas, não existe apenas uma única solução.

O professor teve de concordar com o aluno e deu-lhe nota máxima. Na saída, muito curioso, perguntou se o aluno tinha ainda outra maneira de saber a altura do Cristo Redentor usando um teodolito, mas sem usar as fórmulas.

– Sim – respondeu o aluno –, é muito simples. Eu poderia ir até a sala do responsável pela conservação da estátua e dizer-lhe: "Está vendo este belo teodolito? Eu te dou ele de presente, se você me disser a altura do Cristo Redentor".

---

a) Situações e contextos oportunos para a utilização desta história

• A problemática de se ver soluções únicas.

• A busca de soluções heterodoxas para problemas na instituição.

• A questão da instituição se fixar em apenas uma forma de resolver seus problemas.

• A importância da criatividade na busca de respostas a problemas.

b) Sugestão de questionamentos ou reflexões

• Quais situações já levaram a buscar soluções múltiplas?

• Ocorreram situações na instituição nas quais se buscou apenas uma única solução?

• É possível levantar exemplos de soluções heterodoxas que foram dadas a problemas postos?

• Como foi a reação dentro da instituição quando se propôs alguma solução heterodoxa para algum problema?

17

O peixe frito

$\mathcal{N}$a casa de um jovem casal, quando se ia preparar peixe frito para a refeição, a esposa sempre cortava a cabeça e o rabo do peixe antes de fritar. No início, o marido não achou nada de diferente nisto. Poderia ser apenas uma coincidência. Com o passar do tempo, começou a ficar intrigado: por que será que a sua esposa sempre cortava a cabeça e o rabo do peixe antes de fritá-lo. Um dia perguntou a ela o motivo do costume. Ela respondeu:

– Faço assim, porque assim aprendi de minha mãe. Minha mãe sempre cortava a cabeça e o rabo do peixe antes de fritar.

O marido não se deu por satisfeito e esperava a primeira oportunidade para esclarecer com a sogra o costume de cortar o peixe daquela maneira antes de fritar. Não passou muito tempo, estando na casa da sogra, lembrou-se de perguntar sobre o porquê do costume de cortar a cabeça e o rabo do peixe antes de fritar. A sogra confirmou que de fato sua filha aprendera dela, mas o porquê ela também não sabia, pois havia aprendido isto de sua própria mãe e nunca tinha perguntado o motivo.

Isto só fez aumentar a curiosidade do rapaz que esperava pela primeira ocasião de encontrar-se com a avó da sua esposa para tentar esclarecer o mistério do porquê de se cortar a cabeça e o rabo do peixe antes de fritar. A avó, porém, morava no interior e distante da cidade onde residia o casal. No final de ano, para as festas de natal, todos viajaram para o interior a fim visitar a família. Chegando lá, logo no primeiro dia, o rapaz não se conteve e foi logo perguntando para a avó de sua esposa:

– Olha, tem um mistério que eu quero desvendar com a senhora nesta visita. A sua neta, quando prepara peixe, sempre corta a cabeça e o rabo antes de fritar. Eu perguntei por que e ela disse que aprendeu com a mãe dela. Eu fui confirmar isto com a sogra e ela disse que aprendeu da senhora. Eu quero então saber por que a senhora corta a cabeça e o rabo do peixe antes de fritar.

– Ah meu filho – disse a vovó –, de fato eu fazia isto mesmo. Sempre cortava a cabeça e o rabo do peixe antes de fritar, pois a gente tinha só uma frigideirinha pequena e se não cortasse assim, não cabia o peixe para fritar.

---

a) Situações e contextos oportunos para a utilização desta história
• Refletir sobre costumes implantados na instituição.
• Fazer um levantamento de costumes na instituição e sua gênese.
• Checar até que ponto normas ou costumes existentes ainda são necessários na instituição.
• Analisar a necessidade de continuidade de normas antigas, implantadas em situações da instituição que eram diferentes das atuais.
• Rever as normas de procedimento da instituição e sua adequação à atualidade.
• Análise e eliminação de costumes introduzidos com o tempo e que não mais contribuem para o bom funcionamento da instituição.

b) Sugestão de questionamentos ou reflexões
• Quais costumes na instituição estão obsoletos?
• Quais normas foram implantadas em outra época e agora persistem sem que ninguém saiba bem sua utilidade?
• Quais costumes poderiam ser modificados, substituindo-os por outros mais atualizados?

18

Os ratos, o gato e o sino

$\mathcal{N}$um armazém do interior vendia-se de tudo. Tecido para fazer roupa, fumo de rolo para cigarro de palha, arame farpado para cerca, farinha de milho, feijão, arroz e outros comestíveis a granel, vassoura de piaçaba, condimentos e temperos, ração para animais, sementes para o plantio e centenas de outros itens. O armazém tinha um grande depósito nos fundos, onde as mercadorias ficavam mais ou menos separadas e empilhadas por tipos.

Neste depósito vivia uma grande família de ratos. Com toda aquela farta oferta de comida, o lugar era um verdadeiro paraíso: comia-se quando queria, o que queria e quanto queria. O dono do armazém, notando que muitos sacos de mantimentos tinham sido roídos pelos ratos, comprou um gato e o colocou no depósito para resolver o seu problema. O bicho rapidamente começou a fazer o seu serviço.

A família de ratos notava que de vez em quando sumia um de seus membros. Após algumas semanas a dizimação já era grande. Os ratos convocaram então uma assembleia para deliberar sobre o assunto. Na assembleia ficou claro a todos: o motivo do sumiço de alguns membros da família era um só e o mesmo, o gato que o dono do armazém havia comprado e soltado no depósito. E diversos ratos contavam como com muita sorte e bastante agilidade tinham conseguido escapar de ataques do gato. Os ratos, que ainda não tinham visto o gato, ficavam cada vez mais apavorados com as histórias sobre o monstro e o perigo que estavam correndo. O problema principal consistia, na opinião de quem já havia sido atacado e conseguido escapar, no fato de que o gato era muito sorrateiro. Andava sem fazer barulho algum: suas patas eram como que de algodão tocando no chão e quando menos se esperava o bichano já estava muito perto.

Detectado o perigo, os ratos começaram a levantar ideias para solucionar o problema. Muitos foram os palpites. Havia os egoístas que achavam que era um problema pessoal de cada rato: cada qual tinha que se cuidar. Os mais lerdos e bobinhos seriam pegos, mas isto era a lei natural. Havia os radicais que propuseram que toda a família se mudasse para outro lugar, bem distante do gato. A ideia logo foi combatida, pois onde se encontraria um tal paraíso. Depois de muitos palpites e discussões, um rato teve a seguinte ideia: se o problema é o fato de que o gato não faz barulho quando anda, podemos pendurar um sino no pescoço do gato, de modo que quando ele se movimentar o sino faça barulho e assim todos possam fugir e se esconder a tempo. A assembleia achou o plano genial: todos os problemas com o gato estariam resolvidos de uma maneira simples e rápida. Foi uma alegria geral: os ratos pularam, gritaram, se abraçaram, comemorando a solução do problema. Quando o barulho acalmou, um ratinho pediu a palavra:

– O plano é genial, mas quem vai colocar o sino no pescoço do gato?

---

a) Situações e contextos oportunos para a utilização desta história
• A questão (o problema) de ideias mirabolantes na instituição.
• A necessidade da factibilidade na implantação de soluções institucionais.
• A não existência de soluções mágicas, que resolvem tudo, mas que não podem ser implantadas.
• O problema de soluções voluntaristas: baseadas somente na vontade e não na realidade da instituição.

b) Sugestão de questionamentos ou reflexões
• Que soluções já foram aplicadas e pareciam ser geniais mas se revelaram impraticáveis?
• Onde estava o problema de ideias aparentemente geniais não terem funcionado ou não terem nem sido implantadas?
• Há alguma ideia "mirabolante" sendo aplicada na instituição, mas que não está funcionando?
• Há alguma solução "mágica" sendo sugerida ou em vias de implantação?

19

O cachorro do mosteiro

*N*um mosteiro vivia uma comunidade com cerca de 50 monges. Um dia um dos monges ganhou de presente um cachorro. O superior do mosteiro não gostou muito da ideia, mas, como o monge já havia se afeiçoado ao bichinho e o achava lindo, deixou que ficasse com o animal. O cachorro passou a viver ao lado da cozinha.

Tudo estaria em ordem, se não fosse o fato de o animal latir praticamente toda noite. Bastava ouvir qualquer barulho, por menor que fosse, o cachorro desandava a latir e só parava uma hora mais tarde. Este costume do cachorro foi irritando cada vez mais muitos monges, especialmente o superior da casa, que tinha sua cela justamente no andar em cima da cozinha. Depois de uma noite maldormida por causa dos latidos do cachorro, o superior chamou o monge que havia ganho o cachorro e disse:

– Pode dar um jeito de se livrar deste cachorro barulhento. Ninguém mais aguenta os latidos durante a noite.

O referido monge, que a esta altura já gostava muito do cachorro, respondeu que tudo no mosteiro era resolvido na assembleia de discussão e que o cachorro só sairia se o assunto fosse discutido por todos. O superior resolveu então colocar o assunto na pauta da assembleia da comunidade e abriu a reunião dizendo:

– Hoje vamos discutir sobre o cachorro aqui do mosteiro. Mas uma coisa quero deixar desde já claro: que o cachorro sai, sai.

---

a) Situações e contextos oportunos para a utilização desta história

• Situações em que se quer comunicar uma decisão já tomada, mas se pretende socializar a decisão em forma de discussão.

• Implementação de decisões (sobretudo de mudanças na instituição) já tomadas, mas se pretende discutir o quando e o melhor modo.

• Discussões nas quais a coordenação (a chefia) quer deixar claro desde o início a sua decisão, mas se pretende socializar com o grupo (ou amorizar) tal decisão.

• Analisar o método de tomada de decisões e sua comunicação aos envolvidos na instituição.

• Refletir sobre mecanismos de socialização de decisões tomadas em instâncias superiores da instituição e sua influência sobre a anuência ou resistência à decisão.

b) Sugestão de questionamentos ou reflexões

• Já aconteceram situações de decisões tomadas e simplesmente implantadas sem a discussão socializadora?

• Quando se pretende implantar mudanças na instituição, o que é melhor: colocar a maneira da implementação em discussão ou logo comunicar as mudanças com o modo como serão implantadas?

• Até que nível na instituição todos devem participar das decisões e a partir de qual nível a coordenação (chefia) deve tomar para si a responsabilidade da decisão?

• Qual a relação que existe entre liderança (chefia) e responsabilidade por tomada de decisões?

20

O caboclo, o bode e o padre

*U*m caboclo morava no sertão com sua esposa e os três filhos, numa casinha de um cômodo só. Um belo dia sua esposa comprou um bode e, para que não roubassem o bicho, levava o bode à noite para dormir dentro de casa. Depois de alguns dias, o caboclo estava injuriado com sua esposa: o bode cheirava muito mal e não dava mais para aguentar aquele odor. Mas a mulher de maneira alguma concordava em deixar o bode à noite fora de casa. Muito contrariado, o caboclo resolveu procurar um conselho com o padre na igreja. Contou-lhe o caso e pediu alguma ideia de solução. O padre pensou um pouco e disse ao caboclo:

— Compre você também um bode e leve para dormir dentro de casa. E volte a falar comigo na semana que vem.

O caboclo achou a solução estranha, mas, como o padre tinha mandado, comprou o bode e levou-o para dormir também dentro de casa. Passada uma semana, foi ter com o padre, muito injuriado:

— Não sei qual a solução que o senhor queria ter dado, mas a situação está insuportável. Simplesmente não dá para dormir eu, minha mulher, os três filhos e mais dois bodes dentro de um cômodo só. Eu não aguento mais aquele cheiro!

O padre ouviu o caboclo com atenção e disse ao final:

— Compre então mais dois bodes e leve para dormir dentro de casa. E só volte aqui daqui a duas semanas.

O caboclo se foi e fez o que o padre tinha aconselhado.

Passadas as duas semanas, o caboclo voltou a falar com o padre, já sem nenhuma paciência mais:

— Se o senhor queria que eu ficasse louco, está quase conseguindo. É impossível dormir num só cômodo com minha esposa, os três filhos e mais quatro bodes. O cheiro... não dá para aguentar!

O padre lhe disse:

– Então venda dois bodes e volte aqui na semana que vem.

O caboclo fez como o padre tinha mandado. Passada a semana, ele foi ter com o padre e este perguntou:

– E então, como está a situação agora?

– Sabe que já está bem mais confortável, respondeu o caboclo.

---

a) Situações e contextos oportunos para a utilização desta história

• Análise de criação de mecanismos de resistência advindos de situações adversas.

• As situações adversas como possibilidade de criação de mecanismos de maior tolerância dentro da instituição.

• Técnica de simulação de situação adversa para criar tolerância a adversidade menor vindoura.

• Análise da reação interna na instituição a situações adversas diferentes.

• A importância de se criarem mecanismos de tolerância a situações adversas.

b) Sugestão de questionamentos ou reflexões

• Como foram as reações dentro da instituição a situações adversas diferentes?

• Situações de maior adversidade geraram maior tolerância dentro da instituição?

• As crises foram oportunidades de criação de maior tolerância?

• Há alguma situação de crise à vista que necessitará de maior tolerância? Quais mecanismos podem ser utilizados para se conseguir esta tolerância maior?

21

O rato e a cobra

*A*contecera um grande incêndio no cerrado. O fogo havia se alastrado por todos os lados, queimando grande área. Os animais de todos os tipos corriam nas mais diversas direções, tentando escapar do desastre. Alguns tinham sorte e corriam na direção correta, onde ainda não havia fogo. Outros, perdidos, acabavam correndo para dentro do fogo e morrendo asfixiados ou queimados. Muitos animais ficavam ilhados em um espaço ainda não queimado, mas o fogo ia apertando de todos os lados como um torniquete e acabava sufocando ou queimando.

Numa destas ilhas, aconteceu que ficaram isolados um rato e uma cobra. A cobra corria desesperada ao redor e já havia notado que não tinha saída. O rato havia subido num arbusto seco e lá do alto constatava aterrorizado que o fogo estava cercando por todos os lados. Além disso o rato estava com medo da cobra que a cada momento passava por ali a toda velocidade. Num momento a cobra parou debaixo do arbusto onde estava o rato e disse a ele:

– Ei, você aí. Estamos numa situação de perigo. O fogo está vindo por todos os lados e não há como escapar. Nem eu, nem tu poderemos sair. Mas quem sabe, se nos juntarmos, poderemos nos salvar.

– Como assim? – perguntou o rato.

– Eu tive uma ideia – disse a cobra. – É o seguinte: eu teria velocidade e força para atravessar o fogo. Mas não tenho senso de direção, pois este eu consigo esticando sempre a minha linguinha pra fora e sentindo onde estou. No meio do fogo, porém, se eu esticar a minha linguinha, ela vai se queimar e assim nunca mais conseguirei caçar. Iria escapar do fogo e morrer de fome. Tu poderias manter o senso de direção no meio do fogo, mas não terias velocidade e força para correr pelo meio dele. Ele iria te queimar logo os pelos e morrerias. Proponho que a gente se una

81

para tentarmos juntos uma saída. Se tu te agarrares nas minhas costas e fores me indicando a direção, eu posso correr a toda velocidade.

O rato ficou meio desconfiado, pois a cobra sempre fora sua inimiga e vivia caçando ratos para comer. Mas a situação era desesperadora para ambos os lados. Valeria a pena arriscar, pensou. Perguntou então para a cobra:

– Se eu descer agora e te ajudar a passar pelo fogo, não vais me matar e comer logo que a gente chegar em um lugar seguro?

– Não – respondeu a cobra. – Estamos numa situação diferente e, se nos salvarmos juntos, prometo que não vou te caçar.

O rato concordou com a cobra, desceu do arbusto, agarrou-se às costas dela e se foram a toda velocidade para dentro do fogo. O rato dando as coordenadas da direção e a cobra correndo como podia. De fato a parceria dava certo e, apesar do calor, os dois avançavam sem muitos danos. No meio do fogo havia um pequeno espaço já rescaldado e ali fizeram uma pausa. Assim que o rato desceu das costas da cobra, esta se virou e deu-lhe um bote, enrolando-se toda para estrangular o rato. Antes de morrer, o rato sem entender nada, pois ainda não tinham atravessado todo o fogo, perguntou à cobra sobre o trato que haviam feito. A cobra respondeu:

– Sim, tínhamos feito um trato. Mas eu só posso ser o que sou.

---

a) Situações e contextos oportunos para a utilização desta história

• A questão de situações de extrema dificuldade dentro da instituição e como conservar o bom-senso nelas.

• Alianças feitas em situações de desespero podem ser fatais para o futuro das instituições.

- Em situações de problemas graves imediatos, pode-se perder a visão de perspectiva.
- A necessidade de soluções para problemas imediatos pode cegar para a visão de futuro.
- O desespero não é bom conselheiro para política de alianças.
- Situações de graves crises podem levar a decisões que não são da índole da instituição.

b) Sugestão de questionamentos ou reflexões

- A instituição está passando por alguma crise grave? As soluções aventadas estão dentro do bom-senso?
- Já foram tomadas medidas em situações de grave crise? Como se deu este processo?
- Estão sendo feitas negociações para formação de alianças? As instituições envolvidas são afins ou se complementam em seus objetivos?
- Há objetivos convergentes na busca de soluções envolvendo instituições em crise?

22

O profeta na gruta

$\mathcal{N}$o alto da montanha, dentro de uma gruta, vivia um profeta. Era já de uma boa idade e muito conhecido em toda a região. Vestia-se com uma túnica rústica e larga, alimentava-se parcamente com aquilo que as pessoas lhe levavam e uma vez por ano descia a montanha pregando nas vilas da redondeza a magnitude do senhor Deus. Passava a maioria dos dias dentro de sua gruta, em oração. De joelhos, sentado nos calcanhares, ficava com os braços levantados e repetia continuamente:

– Por ti, meu Senhor, seria capaz de fazer tudo. Por ti, meu Senhor, me doaria todo. Para ti, meu Senhor, entregaria todo o meu corpo.

E repetia continuamente a sua convicção. Um dia, estando o profeta em oração ao seu Senhor, entrou gruta adentro um pombo todo apavorado, pois estava sendo perseguido por uma águia que o queria devorar. O profeta, vendo o desespero do pombo, escondeu-o numa dobra de sua túnica. Logo em seguida entrou a águia na gruta e perguntou ao profeta se não tinha visto o pombo. O profeta respondeu que não e perguntou se poderia fazer alguma coisa para ajudá-la. A águia disse que estava com fome e procurava o pombo para comê-lo. O profeta respondeu:

– Se queres alguma carne, podes ter.

E cortou um pedaço de carne de seu próprio braço, dando-o à águia. A águia disse que era pouco. O profeta se dispôs a dar um pedaço do outro braço também, mas a águia disse que seria pouco. O profeta avançou e prometeu um pedaço de carne de sua perna, mas a águia igualmente disse que seria pouco. E depois de ter oferecido mais um pedaço de sua outra perna e ter ouvido que seria pouco, o profeta reclamou com a águia:

– Mas já terias muito mais que o pombo todo, por que dizes que seria pouco?

E a águia respondeu:

– Mas não dizias que serias capaz de entregar-te todo?

---

a) Situações e contextos oportunos para a utilização desta história

• A questão do comprometimento com a instituição.

• O problema da diferença entre o discurso do comprometimento e o comprometimento em situações reais.

• A importância do comprometimento dos envolvidos em projetos comuns.

• A necessidade de o comprometimento ser uma via de mão dupla.

b) Sugestão de questionamentos ou reflexões

• Em quais situações o comprometimento foi posto à prova na instituição?

• Como se manifesta o comprometimento na instituição?

• É possível perceber ou auferir o nível de comprometimento das pessoas com a instituição?

• O discurso do comprometimento é sentido como verdadeiro pelos envolvidos em projetos comuns?

23

A morte da mãe e do pai

Numa família vivia um pai, uma mãe e um filho jovem. O pai era doente e vivia no fundo de uma cama. Era, no entanto, revoltado com sua doença e descontava sua frustração na mãe. Ele a maltratava em toda ocasião que podia. Reclamava de toda a comida que a mulher fazia: ora faltava sal, ora tinha sal demais, ora estava quente, ora estava fria. Quando a mulher ficava mais tempo no quarto, reclamava que queria ficar sozinho; quando a mulher o deixava sozinho, reclamava que estava sendo abandonado. Quando a mulher ficava em casa, ele a chamava de vagabunda por não estar correndo atrás de serviço; quando saía, ele a xingava dizendo que era um absurdo a mulher sair de casa, deixando o marido preso a uma cama. Para ele, nada estava bom daquilo que ela fazia e de tudo ele reclamava aos gritos com a mulher.

O filho gostava muito de sua mãe e nem entendia como ela podia aguentar aquela situação sem revidar. Ficava, no fundo, desejando que sua mãe um dia revidasse às grosserias de seu pai. Mas isto nunca acontecia. De tantos sofrimentos e ser maltratada, a mulher veio a falecer. O filho participou do enterro sem derramar uma lágrima sequer. Daí em diante ele passou a cuidar do pai. Fazia-o, porém, secamente e sem qualquer dedicação.

A doença do pai foi se agravando e passado um certo tempo ele morreu também. O filho chorava inconsolavelmente com a morte do pai. Todos os que conheciam a situação e a triste história da família ficaram sem entender o porquê do choro do filho com a morte do pai, sendo que quando da morte de sua mãe não havia derramado uma lágrima sequer. Um dos vizinhos perguntou então pelo motivo de seu choro. O rapaz respondeu:

– Perdi o objetivo de minha vida, que era odiar meu pai.

---

a) Situações e contextos oportunos para a utilização desta história
• Análise da motivação que move as pessoas dentro da instituição.
• A importância de motivações positivas.
• Motivações positivas e motivações negativas para a ação.
• A questão da força do ódio na ação das pessoas dentro da instituição.
• Abordagem de relação de amor (relações construtivas) e relação de ódio (relações destrutivas) dentro da instituição.
• Mecanismos de identificação e prevenção de relações de ódio dentro da instituição.

b) Sugestão de questionamentos ou reflexões
• Que tipo de atitude dentro da instituição pode gerar relações de ódio?
• Existem relações de ódio de pessoas para com a instituição?
• Quais consequências tiveram relações de amor e relações de ódio na instituição?
• Quais mecanismos podem ser sugeridos para prevenir relações de ódio dentro da instituição.

24

O vendedor de sapatos em Angola

O dono de uma fábrica de sapatos de Franca um dia viu uma reportagem na televisão sobre o comércio crescente entre o Brasil e Angola. A guerra em Angola havia acabado e era tempo de reconstruir o país. Como Brasil e Angola falam português, dizia a reportagem, os exportadores brasileiros têm grandes vantagens em seus negócios com Angola. Querendo expandir seus negócios, o dono da fábrica de sapatos resolveu mandar um de seus mais experientes vendedores para Angola para detectar as possibilidades de se conseguir vender seus sapatos naquele país. Recomendou que observasse diversas cidades, a forma de comércio, possíveis parceiros comerciais, as condições nas quais trabalhavam; enfim que ficasse em Angola o tempo necessário para pesquisar o suficiente sobre esta possível frente de negócios a ser aberta. Antes de partir, disse ao vendedor que não comentasse o assunto com ninguém, pois não queria gerar especulações dentro da empresa.

Passada uma semana, voltou o emissário e fez ao dono da fábrica um relato desanimador: em Angola, a população não tem o costume de andar de sapatos. Tinha observado algumas cidades e era tudo a mesma coisa: ninguém usava sapatos. E concluiu seu relato com a afirmação de que a ideia de vender sapatos para Angola poderia ser engavetada.

O dono da fábrica de sapatos não se deu por satisfeito. Não conseguia imaginar que em Angola não se usassem sapatos. Decidiu mandar outro colaborador seu para Angola, com a mesma incumbência do primeiro: checar a possibilidade de se vender sapatos de sua fábrica para aquele país. E despachou o funcionário com a mesma recomendação de que não comentasse sua missão com ninguém para não gerar conversas. No dia seguinte ao da partida, o dono da fábrica recebe um telefonema entusiasmado de seu emissário:

– Chefe, as perspectivas são simplesmente espetaculares. Vai ser um estouro. Imagine só o Senhor: aqui ninguém tem sapato ainda.

---

a) Situações e contextos oportunos para a utilização desta história
• A importância de visões positivas e propositivas para o grupo.
• Existem possibilidades positivas e negativas de se analisar cada situação: é importante analisar sempre as duas visões.
• Análise de avaliações sob pontos de vista diferentes sobre a mesma questão.
• A importância de fomentar linhas de pensamento positivo e propositivo dentro da instituição.

b) Sugestão de questionamentos ou reflexões
• Como distinguir possibilidades positivas e negativas de analisar situações?
• É possível distinguir visão positiva e otimismo de euforia e não realismo?
• É possível distinguir visão negativa e pessimismo de restrição calculada e realismo?
• Quais posições positivas e quais negativas já se manifestaram sobre a mesma questão na instituição?

25

A ratoeira

Num pequeno sítio, perto da cidade, vivia um casal com dois filhos pequenos. O homem trabalhava na cidade, enquanto a mãe e as crianças viviam no sítio. A mulher tinha uma galinha, um porco e uma vaca. Com isso, da galinha ela tinha ovos, da vaca tirava o leite e fazia queijo e requeijão. O porco comia os restos de comida que sobravam. O queijo que a mulher fazia, ela o colocava numa tábua para curar e assim ficar mais saboroso. À noite um pequeno rato descobrira o caminho da tábua de queijo e começou a comer um pouco do mesmo, deixando-lhe um furo. A mulher, vendo que um rato estava furando o seu queijo, resolveu comprar uma ratoeira para livrar-se do bichinho. Com um pedaço de queijo armou com todo o cuidado a ratoeira num lugar propício. O rato, vendo a ratoeira e o perigo de vida que corria, ficou apavorado e foi queixar-se com a galinha. Esta nem quis ouvir sua história. Foi então falar com a vaca, pedindo ajuda para resolver o problema da ratoeira. A vaca apenas disse que o problema não era dela e que nada podia fazer. O porco, com um pouco mais de paciência, ouviu toda a história do rato, que estava apavorado com a ratoeira. Mas no final disse: – É, a ratoeira é um problema, mas é o seu problema e não o meu.

O rato, com muito medo da ratoeira, passou a não mais sair de sua toca à noite. Temia que a qualquer passo pudesse cair na ratoeira. Todas as noites a mulher armava novamente a ratoeira, com a esperança de pegar o ratinho. Uma noite a mulher já estava deitada na cama quando ouviu o barulho da ratoeira que havia desarmado. Correu logo para pegar a ratoeira e trazê-la para perto da luz. Acontece, porém, que a ratoeira não havia pego o rato e sim uma cobra venenosa que ficara presa pelo rabo. Quando a mulher pegou a ratoeira, a cobra a mordeu. Com a picada, a mulher ficou doente e teve que ficar de cama. O marido matou a galinha para fazer-lhe uma canja e assim ajudar na recuperação. A mulher, no entanto, não se recuperava. Pelo contrário, sua doença se agravava cada vez mais. Como muitos vizinhos vinham visitar a doente e o marido queria ter algo a oferecer às visitas, resolver matar o porco para ter alguns petiscos para servir. A situação piorou e a mulher veio a falecer.

Com a morte da esposa, o marido vendeu o sítio e mudou-se com os dois filhos para um apartamento na cidade. Como não tinha como levar junto a vaca, vendeu-a para um açougue.

---

a) Situações e contextos oportunos para a utilização desta história

• Análise da cadeia de inter-relações dentro da instituição.

• Reflexão sobre o problema de cada departamento agir separadamente, sem ver os processos da instituição como um todo.

• Análise da cadeia interna fornecedor-cliente dentro da instituição.

• Necessidade de se ver a ação da instituição como um todo, perpassando todos os departamentos ou etapas da ação.

• A questão de cada departamento ver-se apenas a si mesmo na cadeia de ação da instituição.

• A importância de cada departamento ou etapa de ação dentro da instituição também levar em consideração os problemas dos outros departamentos ou das outras etapas.

• Criação de mecanismos para facilitar uma visão do todo aos membros da instituição.

b) Sugestão de questionamentos ou reflexões

• Há situação de ações estanques dentro da instituição?

• Podem ser criados mecanismos que facilitem uma visão do todo aos membros da instituição?

• Como tornar possível a máxima: "agir localmente e pensar globalmente"?

• Quais problemas são gerados quando os departamentos veem apenas a sua atividade e não a ligação de sua atividade com o restante da instituição?

26

O pescador, o turista e o mar

*U*m senhor estava sentado tranquilamente num banco frente ao mar. Era pelo meio da tarde e o lugar era simplesmente lindo. Foi quando um turista aproximou-se, sentou no banco e iniciou a conversa com quem estava ali, admirando com toda a calma aquela paisagem.

– O senhor é daqui?

– Sim, sou pescador daqui – respondeu o senhor, apontando para o mar. – Uso aquele barco ali – e indicou um dos barcos amarrados num pequeno cais.

– E não está pescando hoje?

– Não, só pesco pela manhã.

O turista ficou encucado e indagou: – Mas não dá peixe à tarde?

– Dá sim, mas o que pesco de manhã já é o suficiente para viver.

– Ah, mas o senhor podia fazer diferente. Se pescasse o dia inteiro, iria pegar o dobro de peixes.

– Sim.

– Aí em pouco tempo, com o dobro de peixes, ia poder comprar um segundo barco de pesca.

– Sim.

– Aí o senhor podia contratar uma pessoa para pescar com o outro barco – ensinou o turista.

– Sim.

– Aí, em não muito tempo, ia poder comprar mais um barco e mais um barco e logo logo estaria pescando muito peixe. Podia, inclusive, com o dinheiro comprar um frigorífico e comprar o peixe dos outros pescadores e vender aos supermercados.

– Sim, e daí?

– Já imaginou, o senhor podia ficar rico – disse o turista entusiasmado.

– Sim, e daí?

– Daí sim, o senhor podia sentar aqui, frente ao mar, na maior tranquilidade – concluiu o turista.

– E o que eu estou fazendo agora? – retrucou o pescador.

---

a) Situações e contextos oportunos para a utilização desta história
• Processo de discernimento dos objetivos da instituição.
• A necessária relação entre as ações da instituição e os objetivos da mesma.
• O problema do desvio de rota na busca de objetivos por causa de vantagens aparentes deste desvio.
• Analisar a aderência das ações planejadas em relação aos objetivos da instituição.

b) Sugestão de questionamentos ou reflexões
• Quais são os objetivos da instituição?
• Os objetivos da instituição são claros para todos os envolvidos?
• Quais situações provocam desvio de rota na busca dos objetivos?
• Quais ações planejadas são adequadas aos objetivos buscados pela instituição?
• Há clareza na instituição sobre a necessidade de toda ela estar voltada para os seus objetivos?

27

O empresário, o índio e os dois galos

*U*m empresário andava muito estressado. Tinha dias em sua empresa que explodia com todo mundo, xingava, cobrava resultados. As coisas se tornavam mais críticas quando os negócios iam mal. Às vezes tinha ataques de mau humor e queria demitir todo mundo por incompetência. Em outros dias andava mais calmo, sabia que os resultados não dependiam apenas do engajamento de sua equipe. Mesmo com resultados ruins conseguia sentar com seus colaboradores, fazer planos, etc. Vivia pois alternando momentos de raiva com momentos bons. Como ele mesmo percebesse esta divisão e o estresse que isto causava, resolveu fazer uma viagem para ver se conseguia se acalmar um pouco. Mas não queria ir para um lugar com muitas pessoas. Queria ir para um lugar tranquilo. Foi para o interior do país, visitar uma tribo de índios.

Chegando à tribo, ficou observando o seu modo de proceder. À primeira vista parecia tudo em ordem, parecia um paraíso, parecia que tudo lá era tranquilo. De fato tudo andava no seu ritmo: as mulheres fazendo a comida, as crianças brincando, os homens caçando e trazendo o resultado para casa.

Resolveu então falar com o cacique sobre sua situação. Contou que tinha uma empresa e essa era fonte de grande tensão; contou que vivia dividido, que vivia num estresse só, que vivia alternando momentos de raiva e de calma. E que não sabia muito bem como proceder diante de toda esta situação, porque era uma grande pressão. Terminou seu relato perguntando ao cacique se ele também não tinha situações de tensão, se não sentia pressão nenhuma, se ali tudo era tranquilo como parecia. O cacique lhe disse:

– Olha, tenho dois galos dentro de mim. Um é manso, muito manso. Ele sempre é carinhoso, tranquilo, afável. O outro é raivoso, briguento, quer bicar o tempo todo, nunca está tranquilo.

O empresário achou a linguagem do índio muito interessante. E perguntou:

– Mas os dois galos se dão? Eles não brigam um com o outro?

– De vez em quando eles brigam entre si, respondeu o cacique.

– E quando eles brigam, qual dos dois galos ganha a briga?

– Aquele para o qual eu dou mais milho – disse o cacique.

---

a) Situações e contextos oportunos para a utilização desta história

• Reflexão sobre atitudes que alimentam posições beligerantes e atitudes que alimentam posições conciliadoras.

• A questão de polos de tensão dentro da instituição e como lidar com eles.

• A identificação de focos de tensão e de focos de conciliação dentro da instituição.

• A realidade da vida da instituição como foco de tensão e a necessidade de mecanismos de alívio da tensão.

• A tensão como fonte de conflito dentro do funcionamento da instituição.

• A vida na instituição pode ser tanto fonte de conflito e tensão, como de prazer e realização.

b) Sugestão de questionamentos ou reflexões

• Em situações de tensão, qual posição é alimentada na instituição: a conciliadora ou a de confronto?

• Como se lida com momentos ou situações de explosão dentro da instituição?

• Existe a preocupação com mecanismos de alívio da tensão na instituição?

• Quais situações estão acumulando estresse e quais funcionam como esvaziadoras de estresse na instituição?

28

A briga dos dois frades

$\mathcal{D}$ois frades viviam em um convento, servindo à paróquia. Um era mais velho, já bastante experiente no trabalho com os fiéis e era o superior da fraternidade. O outro era jovem, recém-formado e muito talentoso. Não demorou muito para a convivência dos dois virar um inferno. Um sempre achava que o outro devia ser diferente e assim começaram uma guerrinha de boicote às ações mútuas. Se um deles tomava a iniciativa por alguma ação, o outro não apenas não participava, mas dava um jeito para boicotar o trabalho do confrade de alguma maneira. A vida em fraternidade estava se tornando insuportável. Ambos percebiam, mas nenhum dos dois tocava no assunto. Apenas continuavam sua guerrinha na surdina.

O superior, não mais suportando tanta tensão, levou o caso ao superior da província e seu conselho. Expôs ao superior provincial e ao conselho a total incompatibilidade na convivência e pediu uma solução. O conselho deliberou que o frade mais novo seria transferido para outra comunidade e o frade mais velho iria receber um outro ajudante. Um dos membros do conselho ficou encarregado de transmitir ao frade mais novo a notícia e os motivos de sua transferência.

Este membro do conselho convocou o referido frade num fim de tarde para uma conversa. Nesta expôs a situação e a decisão do conselho e do superior provincial de transferi-lo para outra fraternidade. O frade mais novo respondeu:

— De jeito nenhum concordo com a transferência. Por que eu vou ser transferido e não ele?

E saiu dali, voltando muito contrariado para a sua fraternidade. Lá chegando, encontrou seu confrade desafeto e foi logo dizendo:

103

– Quer dizer que é assim: simplesmente querem me transferir? Não aceito. Só porque eu sou o mais novo? Por que você não pede transferência, se acha que há algum problema?

O frade mais velho não deixou por menos. Disse-lhe poucas e boas e a discussão foi muito grande. Os dois disseram um ao outro tudo o que estava entalado na garganta há muito tempo e, depois de muita gritaria, cada um foi para o seu quarto tentar dormir.

Na manhã seguinte, quando chegaram para o café da manhã, um olhou para o outro, se abraçaram, choraram e depois riram muito. Telefonaram então para o superior provincial dizendo que não mais era necessário transferência. Os dois conviveram ainda por muitos anos naquela fraternidade. Cada um com o seu jeito, mas muito empenhados no serviço à paróquia.

a) Situações e contextos oportunos para a utilização desta história
• A questão das guerrinhas escamoteadas dentro da instituição.
• A importância de se enfrentar os problemas ao invés de transferi-los.
• A importância de se falar sobre o problema. Isto já é um passo para a sua solução.
• Um fim com susto é melhor que um susto sem fim.
• Mudar o problema de lugar não é solucioná-lo.

b) Sugestão de questionamentos ou reflexões
• Estão ocorrendo situações de guerrinhas surdas dentro da instituição?
• Quais mecanismos podem ser usados para enfrentar as guerrinhas surdas?
• Já ocorreu de situações de tensão terem sido resolvidas por se ter falado do problema?

29

O gato no telhado

$\boldsymbol{D}$ois amigos moravam em Portugal e eram muito ligados desde a infância. Já adultos, ambos continuavam solteiros. Um morava com seus pais e irmãos e o outro – que era filho único – morava com sua mãe, já um tanto idosa. Um certo dia, este que morava com sua mãe confessou ao amigo seu desejo de deixar Portugal e tentar a vida no Canadá. Tinha, porém, um problema: como fazer com sua mãe? Esta, já idosa, não iria suportar uma mudança tão brusca de cultura e de clima. Além disso não iria se dispor a aprender outra língua. O amigo, sensibilizado com o problema, ofereceu-se para morar com a mãe do outro. Combinaram então que um poderia morar com a mãe do outro, iria como que substituir o filho. Assim, aquele que desejava mudar de vida poderia com mais tranquilidade partir para o Canadá. E desta maneira fizeram. No dia da partida, o amigo que deixava Portugal fez ainda um outro pedido: pediu que cuidasse também de seu gato de estimação, um animal de fato muito bonito e dócil. Tendo tudo sido resolvido a contento, um dos amigos partiu para o Canadá, enquanto o outro passou a cuidar da mãe e do gato de quem partira.

A distância entre os dois não diminuiu o contato. Ambos se escreviam regularmente: um contando sobre a sua vida nova no Canadá, os avanços que estava conseguindo, o trabalho que arranjara, etc. O amigo de Portugal, além de contar de sua vida, escrevia sempre as notícias da mãe e terminava as cartas dizendo que o gato estava bem. Certa ocasião, o amigo no Canadá recebeu uma carta muito sucinta de seu amigo de Portugal. Constava apenas: "Tenho uma notícia muito ruim para dar-te: o teu gato foi atropelado e morreu". O amigo do Canadá ficou desolado com a morte do animal de estimação e chateado com seu amigo por ter dado a notícia de forma tão brusca e direta.

Escreveu-lhe: "Meu amigo, assim quase me matas a mim também. Deverias ter-me dado a triste notícia da morte do gato de uma maneira mais suave. Poderias, por exemplo, ter escrito que o meu gato subiu no telhado. Depois, numa seguinte carta, entre outras coisas, poderias ter escrito que o gato estava sempre andando no lugar mais alto do telhado, o que é um perigo. Numa outra carta, poderias ter dito que o gato poderia vir a se machucar muito se escorregasse e caísse do telhado. Numa outra carta, poderias dizer que o inevitável tinha acontecido: o gato escorregara do telhado e estava muito ferido com a queda. E, numa última carta a respeito do gato, poderias dizer que o coitadinho não tinha resistido aos ferimentos e vindo a falecer. Com isto, estaria eu já preparado para receber a triste notícia".

O amigo que ficara em Portugal agradeceu a correção e os dois continuaram a se corresponder. Um belo dia, quem estava no Canadá, recebeu uma nova carta do amigo. Como de costume, contava sobre sua vida, sobre os acontecimentos na cidadezinha, sobre a sua mãe, etc. Mas nesta carta acrescentou no final: "E queria dizer-te só mais uma coisinha: tua mãe subiu no telhado".

---

a) Situações e contextos oportunos para a utilização desta história

• Comunicação de notícias não favoráveis para os membros do grupo ou da instituição.

• Técnicas de comunicação de decisões restritivas a serem implantadas.

• Comunicação indireta de possibilidades negativas futuras.

• Técnicas de fazer com que uma notícia ruim seja primeiro dada a entender para facilitar a absorção de seu impacto.

• A importância de que notícias ruins sejam comunicadas de maneira a não causar impacto ainda pior na instituição.

b) Sugestão de questionamentos ou reflexões

• Quais decisões negativas foram comunicadas de maneira errônea e as suas consequências?

• Em quais situações já houve comunicação negativa utilizando a técnica do "gato no telhado"?

• Quais decisões negativas foram já dadas a entender e a reação provocada?

• Quais decisões negativas precisam ser comunicadas e qual a maneira correta de fazer a pré-comunicação?

30

As duas monjas e o jovem

$\mathcal{D}$uas monjas estavam a caminho do mosteiro quando encontraram com um homem. Era um jovem esbelto, de aparência bela, formoso em seus traços, de boa estatura, com músculos definidos e torneados. Estava bem vestido, com calça, camisa e colete aparentando serem novos. O rapaz cumprimentou as monjas que responderam gentilmente ao seu cumprimento e perguntaram para onde o jovem se dirigia. Este respondeu que ia ao castelo. O rei o havia convocado para participar de uma reunião com atletas, pois pretendia abrir uma escola de esportes para todos os jovens do reino. As monjas quiseram saber o esporte que praticava e o jovem respondeu que praticava salto em altura.

Notando que o jovem apoiava, o tempo todo, a mão contra o corpo na altura do peito, uma das monjas perguntou se havia algo de errado. O jovem respondeu que sim e muito timidamente mostrou que os dois botões de cima de sua camisa haviam se soltado e que iria encontrar o rei numa situação constrangedora, pois ou teria que ficar segurando sua camisa ou iria aparecer com o tórax nu frente ao rei e sua comitiva. A monja disse que se o problema todo se resumia a pregar dois botões, este seria imediatamente superado.

E, tirando de sua bolsa agulha, linha e botões, chegou perto do rapaz, enfiou sua mão por dentro da camisa do mesmo, na altura dos botões faltantes e iniciou seu trabalho ali mesmo, no meio do caminho. A outra monja apenas a observava. Em poucos minutos, com suas mãos ágeis na costura, com linha e agulha passando de um lado para o outro, os botões foram colocados em seus lugares e o jovem pôde fechar a camisa. Ficou muito agradecido e partiu para a sua reunião com o rei.

As duas monjas continuaram seu caminho na direção do mosteiro. Andavam em silêncio, como era costume. Chegando já quase ao mosteiro, a monja que ficara observando o trabalho da outra com a costura dos botões disse à costureira:

– Como pudeste agir de forma tão despudorada com aquele rapaz, simplesmente ir logo enfiando a mão dentro de sua camisa, tocando seu tórax, roçando seus músculos, chegando inclusive a cortar a linha com os dentes, colocando tua cabeça praticamente encostada no peito do jovem?

Ao que a outra respondeu:

– Minha amiga, eu deixei aquele rapaz lá no caminho, indo para o castelo. Tu, no entanto, parece que o carregas contigo até agora em teus pensamentos.

---

a) Situações e contextos oportunos para a utilização desta história
• Como lidar com escrúpulos na instituição.
• Escrúpulos pessoais relacionados com as funções institucionais.
• A questão do escrúpulo e sua interferência negativa para a instituição.
• A influência do escrúpulo frente a soluções de problemas concretos e práticos.
• A importância da praticidade na solução de problemas, independentemente de escrúpulos.
• A paralisia que o escrúpulo pode causar na ação das pessoas dentro da instituição.

b) Sugestão de questionamentos ou reflexões
• Há na instituição escrúpulos ou escrupulosos?
• Como se manifesta o escrúpulo na instituição?
• Como agem escrupulosos na instituição?
• Há na instituição campos que podem causar escrúpulos às pessoas?
• Ocorreram ocasiões em que o escrúpulo prejudicou a ação e a solução de problemas?

CULTURAL
- Administração
- Antropologia
- Biografias
- Comunicação
- Dinâmicas e Jogos
- Ecologia e Meio-Ambiente
- Educação e Pedagogia
- Filosofia
- História
- Letras e Literatura
- Obras de referência
- Política
- Psicologia
- Saúde e Nutrição
- Serviço Social e Trabalho
- Sociologia

CATEQUÉTICO PASTORAL
Catequese
- Geral
- Crisma
- Primeira Eucaristia

Pastoral
- Geral
- Sacramental
- Familiar
- Social
- Ensino Religioso Escolar

TEOLÓGICO ESPIRITUAL
- Biografias
- Devocionários
- Espiritualidade e Mística
- Espiritualidade Mariana
- Franciscanismo
- Autoconhecimento
- Liturgia
- Obras de referência
- Sagrada Escritura e Livros Apócrifos

Teologia
- Bíblica
- Histórica
- Prática
- Sistemática

REVISTAS
- Concilium
- Estudos Bíblicos
- Grande Sinal
- REB (Revista Eclesiástica Brasileira)
- RIBLA (Revista de Interpretação Bíblica Latino-Americana)
- SEDOC (Serviço de Documentação)

VOZES NOBILIS
O novo segmento de publicações da Editora Vozes.

PRODUTOS SAZONAIS
- Folhinha do Sagrado Coração de Jesus
- Calendário de Mesa do Sagrado Coração de Jesus
- Almanaque Santo Antônio
- Agendinha
- Diário Vozes
- Meditações para o dia-a-dia
- Guia do Dizimista

CADASTRE-SE
www.vozes.com.br

EDITORA VOZES LTDA.
Rua Frei Luís, 100 – Centro – Cep 25.689-900 – Petrópolis, RJ – Tel.: (24) 2233-9000 – Fax: (24) 2231-4676 –
E-mail: vendas@vozes.com.br

UNIDADES NO BRASIL: Aparecida, SP – Belo Horizonte, MG – Boa Vista, RR – Brasília, DF – Campinas, SP – Campos dos Goytacazes, RJ – Cuiabá, MT – Curitiba, PR – Florianópolis, SC – Fortaleza, CE – Goiânia, GO – Juiz de Fora, MG – Londrina, PR – Manaus, AM – Natal, RN – Petrópolis, RJ – Porto Alegre, RS – Recife, PE – Rio de Janeiro, RJ – Salvador, BA – São Luís, MA – São Paulo, SP
UNIDADE NO EXTERIOR: Lisboa – Portugal